엄마가 나서면 사춘기에도 성적이 오른다!

엄마가 나서면
사춘기에도 성적이 오른다!

지은이 | 정순중

1판 1쇄 인쇄 | 2006. 09. 01.
1판 1쇄 발행 | 2006. 09. 05.

펴낸곳 | (주)북이십일 아울북
펴낸이 | 김영곤
본부장 | 김진철
책임편집 | 원성식
기획개발 | 나은경, 서지연
영업마케팅 | 정성진 · 안경찬 · 이희영 · 유정희, e-마케팅 | 최창규 · 김용환
북디자인 | 디박스

등록번호 | 제10-1965호
등록일자 | 2000. 5. 6.

경기도 파주시 교하읍 문발리 파주출판문화정보산업단지 518-3(413-756)
전화 | 031-955-2100(영업), 031-955-2438(독자문의)
팩시밀리 | (031)955-2151
이메일 book21@book21.co.kr
홈페이지 www.book21.co.kr

값 10,000원
ISBN 89-509-0933-2

남들 성적 떨어지는 사춘기가 기회다!

엄마가 나서면
사춘기에도
성적이 오른다!

정순중 지음

머리말

사춘기 자녀 때문에 잠 못 이루는 부모들

사춘기는 어느 날 불쑥 도둑처럼 찾아와 내 아이의 귀엽고 순진했던 모습을 훔쳐가버리고, 부모들을 골탕 먹인다.

집에 오면 자기 방에 들어가 방문을 잠가버리는 아이, 사소한 질문에도 반항적인 말투로 대답하는 아이, 부모 말보다 친구 말을 더 믿는 아이, 공부엔 도통 관심을 보이지 않는 아이……. 갑자기 변해버린 아이의 모습에 부모는 당혹감을 느끼기 마련이다. 애써 긍정적으로 생각해보려고 '나도 그맘때는 그랬지. 조금 지나면 좋아질 거야' 주문을 외워보지만 하루가 멀다 하고 속을 뒤집어대는 아이들 앞에서 평상심을 유지하기는 쉽지 않다.

사춘기 아이를 둔 엄마의 심경은 말 그대로 복잡하다. 엄마에게는 툭하면 화를 내는 아이가 방에 들어가 친구와 킬킬대며 오래도록 통화를 하거나, 게임에만 몰두하다가 한 소리 하면 아예 피시방으로 도망치는 아이의 뒷모습을 보면 속이 시커멓게 타기 마련이다. 간혹 속을 끓이다 못해 남편에게 도움을 요청하기도 하는데, 함께 지내온 시간이 적은 아빠와의 대화는 이미 대화가 아닌 경우가 많다. 아빠의 권위를 내세워서라도 아이를 통제하려고 화를 내면 집안 분위기는 그야말로 얼어붙기 일쑤다. 아이는 아이대로 입을 굳게 닫아버리거나 밖으로 뛰쳐나가 버리고, 남편은 남편대로 아이를 대체 어떻게 키우는 거냐고 화를 내면 중간에 낀 엄마는 남편이고 자식이고 다 필요 없다. 엄마 사표 내버리고 싶다는 생각이 들기 마련이다.

부모 세대에 비해 요즘 아이들은 사춘기를 일찍 겪는데 이르면 초등학교를 졸업하기 전에 시작하기도 한다. 사춘기에 접어들면서 우선 눈에 띄는 것은 신체적 변화다. 부모는 아이의 몸이 좀 더 여성답거나 남성답게 변화하는 과정을 지켜보면서 당황하거나 흐뭇해하기도 한다. 그러나 그것도 잠시, 아이들은 부모와 연결된 또

하나의 탯줄을 끊으려고 시도하면서 부모와 함께 성장통을 겪는다. 정서적·경제적 탯줄은 아직 부모에게 연결되어 있지만, 부모에게서 독립하여 자신의 정체성을 형성해나가려고 하는 것이다.

이런 시도는 아이의 성격에 따라 다양하게 나타난다. 어떤 아이들은 방문을 굳게 걸어 잠그고 자기만의 방에 독립 국가를 세우는가 하면, 어떤 아이는 크고 작은 반항과 돌출 행동으로 어른들에게 독립 메시지를 보낸다.

불과 한두 해 전까지만 해도 엄마 말이라면 뭐든 잘 듣던 아이가 '아무것도 모르면서 감시하고 명령만 하는' 부모라고 비난하고 "내가 하는 일에 제발 간섭하지 말아요"라고 말하면 부모는 좌절감에 휩싸일 수밖에 없다. 자신의 판단과 결정을 존중받고 싶어 하는 마음을 모르는 것은 아니지만 어설픈 판단으로 우겨대는 아이가 답답하게 보일 수밖에 없다. 간혹 화가 나서 "사춘기는 너 혼자 겪어? 왜 그렇게 유난을 떨어. 그럼 나가서 네 멋대로 살아봐"라고 내뱉기라도 하면 아이는 보란 듯이 등을 돌리고 나가버리기도 한다. 물론 아이가 가출까지 하는 극단적인 경우가 많지는 않지만 이런 상황에서 먼저 애가 타고 불안해하는 쪽은 부모다. 그래서 이와 비슷한 상황을 만들지 않으려고 부모는 화를 삭이고 아이의 눈치를 본다.

특히 사춘기 아이의 부모가 불안감을 가지는 데는 우리의 교육 현실이 한몫한다. 우리나라의 교육 과정, 특히 입시와 관련해서 아이가 사춘기를 잘 견뎌내지 못하면 학업에 지장이 생길 수밖에 없고, 학업에 문제가 생기면 아이의 미래가 불안해지기 때문에 부모의 불안도 함께 깊어진다. 부모의 바람은 아이가 부디 사춘기를 순탄하게 겪고, 학업에서도 남에게 뒤지지 않는 실력을 갖추어 행복한 미래를 만들어가는 것이다.

인간의 전 생애에서 사춘기는 비록 짧은 기간에 해당하지만 남은 생애에 무한한 영향을 끼치는 결정적 시기라고 할 수 있다. 사춘기는 아이에서 어른으로 성장하는 변화의 시기인 동시에 부모와 자녀의 관계가 재정립되는 시기다. 때문에 그 과정에서 수많은 변화와 갈등, 혼돈이 나타나게 된다. 부모는 여전히 아이를 돌봐주려 하고, 아이는 부모의 도움을 받으면서도 중요한 순간에는 자신의 판단과 결정을 관철시키려고 하기 때문이다.

아이가 두 가지 상반된 태도를 함께 보이는 만큼 부모 역시 두

가지 상반된 마음이 함께 나타난다. 아이의 성장을 대견해하면서도 한편으로 마음이 조급해지는 것이다. 이미 사춘기의 터널을 지나왔기에 그 무렵의 아이가 얼마나 불안정한지 알지만 막상 내 아이가 사춘기를 겪을 때 옆에서 어떻게 대처해야 하는지에 대해서는 도통 감이 잡히지 않는다.

많은 부모가 사춘기 전에 하나하나 챙겨주면서 직접 관여하고 해결해주던 방식에 더 익숙해 아이의 학습 지도 방식을 쉽게 바꾸지 못한다. 물론 아이가 계속 이 방식에 순응한다면 부모 입장에선 편할 것이다. 그러나 현실은 다르다. 이미 사춘기에 접어든 아이에게 이런 방식은 강요와 통제로 다가오게 된다. 따라서 자율과 자기 생각을 존중받기를 바라는 사춘기 아이는 오히려 공부에 무관심한 태도를 보임으로써 부모에게 반항하기도 한다. 이런 경우 부모는 자존심에 상처를 입고 화를 내기도 하고, 학습 지도 방식을 바꿔보려고도 하는데 그게 생각처럼 쉽지 않다. 결국, 이런 과정이 여러 차례 되풀이되면 부모는 무력감만 쌓일 수밖에 없다.

알고도 모를 요즘 아이들의 사춘기, 아이의 급작스러운 변화를 어떻게 이해하고 도와야 할까? 사랑스러운 아이의 모습을 도둑맞은 것 같은 허탈감과 당황스러움을 느끼지 않고 슬기롭게 대처하는 비결은 무엇일까? 사춘기를 통해 부모 자식 간의 관계를 더욱 다지고, 학업에서도 성취감을 맛보게 할 수는 없을까?

알다시피 사춘기는 어느 날짜를 정해 시작하는 것이 아니라 서서히 성장해가는 과정이다. 그러므로 부모는 이러한 성장 과정을 미리 예견하고 준비해야 한다. 준비를 통해 아이의 변화에 대응하고 적절하게 도움을 주는 민첩성을 갖추어야 한다. 그래야 부모와 아이 모두 상처받지 않고 사춘기를 넘길 수 있다.

사람마다 생김새가 다르듯 사춘기도 아이마다 다르게 나타난다. 흔히 '질풍노도의 시기'라고 하듯 대부분 불안정한 모습을 보이지만 그 모습은 제각각이며, 부모가 느끼는 불안의 정도나 부모와 자녀 간의 갈등 형태도 천차만별이다. 따라서 사춘기 아이는 이러니까 이렇게 하라는 식의 정답은 있을 수 없다. 중요한 것은 바로 내 아이가 어떤 형태의 사춘기를 겪을지 예견하고, 이에 민첩하게 반응하며, 학업에 집중하도록 돕는 지혜를 발휘하는 것이다. 다행히도 우리 부모들은 아이의 사춘기를 아이보다 힘들게 겪으면서도 마음을 다잡고 노력하고 또 노력하는 위대한 사람들이다.

이 책의 독자 중에는 이미 사춘기에 접어든 아이를 둔 부모도 있을 것이며, 아직 사춘기에 접어들지 않았지만 불안한 마음으로 준비하려는 부모도 있을 것이다. 내 아이가 어떤 사춘기를 겪을지 알 수 없지만 미리 준비한다면 사춘기의 험한 파도를 슬기롭게 넘을 수 있으리라고 본다.

또한 여기에 소개한 사춘기 아이들의 다양한 사례를 통해 내 아이의 모습을 발견해보길 바란다. 본문에 언급된 여러 사례는 특정 개인의 사실이 아니라 부모들이 공통으로 호소하는 내용들을 뽑아 구성한 것이다. 이를 통해 사춘기 자녀를 이해하고 돕는 지혜가 한층 밝아지기를 소망한다.

이 책의 목차

1

사춘기 자녀
부모 노릇 하기
너무 힘들다
!

우리 아이의
사춘기 스트레스는 어느 정도?

아이의 행동을 잘 관찰하면 스트레스의 정도를 짐작할 수 있다. 스트레스의 요인은 아이가 속한 집단, 맺고 있는 관계에 따라 다양하다. 특히 가족 내 갈등, 친구 관계, 학교 적응도와 성적 관리 등에서 어떤 어려움이 있는지 살펴보자. 다음 중 한 가지라도 심각하게 고민하는 항목이 있다면 스트레스에 대한 대책이 필요하다.

☐ 친구들에게 비난을 받거나 따돌림을 당하고 있다

☐ 친한 친구가 한 명도 없거나 오래 사귀지 못한다

☐ 친구들과 자주 다툰다

☐ 이성 교제 문제로 부모와 갈등이 있다

☐ 학교에서 자주 규칙을 어겨 주의나 징계를 받는다

☐ 선생님에 대한 불만을 자주 털어놓는다

☐ 수업 방식에 대한 불만을 자주 털어놓는다

☐ 시험이 다가오면 지나치게 걱정하거나 몸이 아프다

☐ 시험을 보고 나서 자주 화를 내거나 운다

☐ 공부를 하다가 소리를 지르거나 화내는 일이 잦다

☐ 부모에게 꾸중을 듣거나 반항하는 일이 잦다

☐ 자기 방에서 잘 나오지 않으며, 가족이 모일 때 참석하지 않는다

☐ 부모의 지시를 거부하거나 가족의 규칙을 지키지 않는 일이 많다

십대로 불리는 사춘기는 우리 인생에서 아주 중요한 시기다. 스스로 생존할 수 있는 능력이 부족하여 부모에게 많은 부분을 의존해온 아동기와 달리 신체와 정신이 성장함으로써 스스로 살아갈 수 있다는 자신감이 생기는 시기다. 이에 따라 부모로부터 독립하고자 하는 마음도 생기고 아동기에 자기도 모르게 쌓인 불만들이 폭발하기도 한다. 이러한 변화는 부모를 당황시키기도 하지만 무엇보다 아이에게 엄청난 스트레스로 작용한다.

흔히 적당한 스트레스는 발전을 위한 자극이 되지만, 지나치면 만병의 근원이 된다고들 한다. 그런데 요즘 아이들, 특히 사춘기 아이들이 놓인 상황은 만병의 근원이 될 만큼이나 강도 높은 스트레스를 제공한다. 특히 입시와 관련한 스트레스는 과거와 비교할 수 없을 정도다. 우수한 점수로 입시에 통과하기 위해서 중고생 시절에 감당해야 하는 과제와 부담이 너무 많고, 친구들 간의 경쟁도 치열하다. 따라서 제대로 공부를 하지 않으면 대입 경쟁에서 뒤지게 되어 자신이 원하는 진로를 선택하기 어려워진다. 뿐만 아니라, 가족을 비롯한 주위 사람들에게 부족한 사람이라고 낙인찍힐 수도 있다. 생리적, 신체적, 심리적 변화로 그렇지 않아도 힘겨운 사춘기 아이들에게 이 모든 것은 엄청난 부담이자 스트레스가 아닐 수 없다.

이래저래 사춘기 아이들의 스트레스는 버겁기만 하고, 더불어 불안

엄마가 나서면 사춘기에도 성적이 오른다!

정한 사춘기의 그늘도 커져만 가고 있다. 이러한 마음의 스트레스는 몸에 직접적으로 영향을 미쳐 소화도 잘 안 되고 쉽게 피로를 느끼게 되어 짜증을 내는 일이 잦아진다. 좌절을 견디는 힘이 약해지니 사소한 일에 화를 내고 예민해지는 것이다. 따라서 아이들이 짜증을 내며 부모의 마음에 안 드는 행동을 하는 것은 당연하다.

　그런데 많은 부모가 사춘기 자녀를 이해하고 존중하기보다 늘 불안하며, 통제하고 지도해야 할 위험한 대상으로 아이를 대하는 경향이 있다. 부모들의 이런 인식은 자녀와의 갈등을 일으킨다. 부모가 불안한 마음에 지나치게 관여하고 통제하려고 하면 아이들은 불만이 생겨 부모로부터 벗어나려고 하기 마련이다.

너, 정말 내 아이 맞니?

"애가 옷이건 자기 방이건 도무지 정리를 안 하고 산만해요. 이제 중학생이니 알아서 할 때도 되었는데 아무리 말을 해도 나아지질 않아요."

"어릴 땐 뭐든지 엄마랑 의논하더니 이젠 허락도 안 받고 외박까지 하니 속상해요."

"잘 키워놨더니 공부는 뒷전이고 남자 애들과 놀기 바빠요. 지금이 어느 때인데 그렇게 태평으로 지내는지 한심해 죽겠어요."

"학업 성적은 자꾸 떨어지는데, 학원에 갈 생각은 안 하고 피시방에만 드나드니 속이 타요."

아이가 산만하고 정리를 안 하니 자꾸 싸우게 돼요
스스로 할 수 있는데 자꾸 잔소리하니 화가 나요!

미희 엄마는 아이 때문에 힘들어서 못살겠다고 하소연한다.

"애가 옷이건 자기 방이건 도무지 정리를 안 하고 산만해요. 이제 중학생이니 알아서 할 때도 되었는데 아무리 말을 해도 나아지질 않아요."

엄마의 불만은 미희가 자기 관리를 제대로 못 하는 데에 있다.

엄마가 나서면 사춘기에도 성적이 오른다!

스스로 못 하니까 항상 아이 대신 흐트러진 옷을 정리하고 방을 치우다 보면 엄마는 화가 난다. 자기 옷, 자기 방 하나 제대로 관리를 못 하는데 다른 일인들 어찌 잘해내겠느냐는 걱정도 하게 된다.

엄마가 하소연하는 동안 미희는 눈물을 글썽이며 고개를 숙이고 있었다.

엄마의 얘기가 끝나자 미희도 기다렸다는 듯 푸념을 늘어놓았다.

"놔두면 제가 할 건데 엄마는 한순간도 기다려주질 못해요!"

자기가 옷과 방 정리를 제대로 못 한 것은 사실이지만 그게 다 엄마의 간섭 때문이라는 것이었다.

"청소를 하려다가도 엄마가 잔소리하면 하기 싫어져요. 제 일은 제가 알아서 할 테니 제발 간섭 좀 안 하셨으면 좋겠어요."

사춘기 아이는 부모에게 의지하고 싶은 마음에 어리광을 부리기도 하지만, 자기가 스스로 처리할 수 있는 부분만큼은 존중받기를 원한다. 상대가 아무리 부모라도 자기 영역을 침해하거나 간섭하면 불쾌감이 커진다. 그 불쾌감을 즉각 표현하는 아이는 부모에게 대항할 것이고, 숨기는 아이는 자기 관리에 게으른 모습을 보이기 쉽다. 어느 쪽이든 부모가 관여하고 참견하고 싶은 부분에 제동을 거는 행동이라고 볼 수 있다.

　미희 모녀의 경우, 엄마가 잔소리하며 간섭하는 데에도 이유가 있고, 미희가 이에 반항하는 데에도 이유가 있다. 중요한 것은 그 이유가 같은 맥락이라는 점이다. 엄마는 미희가 스스로 알아서 행동하는 것을 보고 싶고, 미희는 알아서 할 테니 간섭하지 말라는 것이다. 그렇다면 부모는 미희가 스스로 알아서 행동하도록 이끌면 되고, 미희는 스스로 알아서 행동하면 이들 모녀의 문제는 자연히 해결될 수 있다.

　이런 경우에는 부모가 공감적 관여 행동을 하는 것이 도움이 된다. 공감적 관여 행동이란 아이가 원하는 것을 먼저 알고 도와주는 것이다. 엄마의 필요에 따라 명령하는 것이 아니라, 아이가 원하는 것을 이해하고 도와주는 행동이다.

　상담 과정에서 미희는 "제 방은 제가 관리해야 한다는 건 알고 있어요. 앞으로 스스로 알아서 할 테니 좀 지켜봐주셨으면 좋겠어요"라고 말했다.

　치워주면서 잔소리하지 말고 스스로 할 때까지 기다려달라는 것이었다. 미희는 이처럼 분명히 자신의 의견을 밝힘으로써 방 정리는 자신의 책임 영역이라는 것을 분명히 했다.

한편, 미희 엄마는 딸의 책임 영역을 존중해줄 필요가 있음을 알게 되었다. 방을 치우는 일은 미희의 책임이므로 치우라고 말하거나 치워줄 필요가 없다는 사실을 깨달은 것이다.

그 후 미희 모녀는 방 청소 때문에 다투는 일이 현저히 줄어들었다. 간혹 미희가 방 청소를 하지 않아서 지저분해지는 경우가 있었지만 그때도 엄마는 잔소리하는 대신 "방을 치우지 않으면 지저분해서 보기 불편하다"는 식으로 자신의 마음을 표현했다. 그래도 아이가 방을 치우지 않으면 얼마 만에 한 번씩 방을 치우고 싶은지 의논해서 규칙을 만들었다. 그 결과 엄마는 더 이상 아이 때문에 속을 끓이지 않게 되었고, 미희는 엄마의 잔소리를 듣지 않고 스스로 자기 할 일을 하게 되었다.

아이가 허락도 없이 외박까지 하니 속이 터져요
왜 자꾸 참견하세요? 내 뜻대로 하게 좀 놔두세요!

윤철이는 엄마를 잔뜩 위협하고 있었다. 작은 반항이라는 잔펀치를 날리던 아이가 급기야 허락도 안 받고 외박하는 강펀치를 날렸다. 사춘기 전에는 무엇이든 엄마와 의논하던 윤철이는 이제 자기 뜻대로 결정해서 행동하고 일방적으로 엄마에게 통보하면 그만이다. 엄마가 얼마나 자존심이 상하고 불쾌했을까? 자녀가 이처럼 막무가내식으로 대항하면 부모는 불안할 수밖에 없다.

윤철이가 반항하는 이유는 정말로 간단했다. 그냥 자기 뜻대로 하게 내버려 달라는 것이다. '하고 싶어서, 내 맘대로 좀 하겠다는데 왜 참견이냐' 는 식이다. 아이에게 그런 말을 들으면 아무리 너그러운 부모라도 "버르장머리 없는 녀석!" 하는 소리가 절로 나오면서 불쾌해질 수밖에 없다.

윤철이가 이런 행동을 하는 것은 자율적으로 판단하고 결정해서 행동하고 싶은 욕구 때문이다. 자기가 보기에 그 정도는 결코 지나친 행동이 아니고, 스스로 판단하고 행동할 나이도 되었으므로 엄마 아빠가 관여치 말라고 주장하는 것이다. 더 깊이 들여다보면, 부모가 자기 판단과 행동을 믿어주지 않는 것에 대한 불만이 도사리고 있음을 알 수 있다.

윤철이 말도 맞다. 친구들과 한번쯤 놀러가서 하룻밤 자고 들어오는 것은 그리 지나친 일도 아니다. 어쩌면 아이에게는 당연한 욕구일 수도 있다.

하지만 윤철이는 지나친 면이 있다. 자율적인 욕구는 존중받고 그에 따른 책임은 거부하면서 사는 방랑자 또는 자유인을 꿈꾸고 있는 것이다. 사춘기 아이의 이러한 비현실적인 열망을 가진 사람을 우리는 주위에서 자주 본다. 구름에 달 가듯이 떠도는 나그네, 현실에 얽매이지 않는 자유인이 되고픈 욕망이 누구에겐들 숨어 있지 않으랴. 하지만 대부분은 '그렇게는 안 되지!' 라는 자기 강제를 통해서 현실에 적응하고 사는 것이다.

윤철이 부모는 문제를 해결하기 위해 아이와 협상을 잘 해야만 한다. 사춘기 아이는 자율적 욕구가 높다는 것을 인정하고 아이를 존중하면서, 자율성을 가지기에 앞서 가족의 규칙도 고려하도록 해야 한다. 가족의 규칙 또는 부모의 뜻을 고려하여 해도 되는 일의 한계를 정하고, 그것을 규칙으로 받아들이고 그에 따른 책임을 지도록 이끌어주는 것이 협상이다.

협상은 일방적으로 혼내고 명령을 하는 것이 아니다.

"친구랑 놀고 싶은 마음 이해해. 놀지 못하니까 답답하지? 그런데 우리 가족은 모두 규칙을 지키려고 노력하고 있어. 아빠나 엄마도 하고 싶은 걸 다 하고 사는 건 아냐. 그런 마음을 참기 때문에 우리 가족이 안정된 생활을 하는 거야. 그러니 너도 지켜주었으면 좋겠구나."

부모는 아이들이 원하는 것 중에서 되는 것과 절대 안 되는 것의 한계를 분명히 해주어야 한다. 또한 자녀를 안전하게 보호할 책임이 있으므로 한계를 정할 권한이 부모에게 있다는 점을 알려주면 좋다.

애지중지 키웠는데 공부는 안 하고 남자 애들과
놀기 바쁘니 기가 막혀요
엄마보다 친구가 더 좋은 걸 어떡해요!

희연이 엄마가 불안한 표정으로 상담실 문을 열고 들어왔다. 그런데 함께 온 희연이는 엄마와 달리 아무런 걱정이 없는 아이였다. 성적이 좀 떨어져도 불안하지 않고 그냥 일상이 재미있는데, 엄마가 괜히 그러신다는 것이다. 평온한 희연이와 달리 엄마가 불안하고 화가 난 이유는 무엇일까?

"잘 키워놨더니 공부는 뒷전이고 남자 애들과 놀기 바빠요. 지금이 어느 때인데 그렇게 태평으로 지내는지……. 당장 자기가 할

엄마가 나서면 사춘기에도 성적이 오른다!

일이 무엇인지도 모르고 저렇게 나돌아다니니 한심하네요."

그러나 엄마가 이처럼 화를 내며 불안해해도 희연이는 부모 심정을 전혀 아랑곳하지 않을 뿐더러 이해하려고 노력하지도 않았다. 엄마 역시 자기 심정을 모른다는 것이다. 자기에게 친구가 얼마나 소중한 존재인지 엄마는 모른다고만 했다.

사춘기 아이가 부모의 품을 벗어나 또래, 이성 친구에게 관심을 집중하는 것은 당연한 변화다. 이 시기에는 관심의 대상이 하나에 머무르지 않고 다른 데로 옮겨지기도 하고, 그 과정에서 다양한 경험을 하며 시야가 넓어진다. '이젠 부모 품 안에서 부모만 바라보는 아이가 아니다'는 뜻이다. 또래 집단에서 자기 존재를 확인하는 데 온통 관심이 쏠리게 되면 공부에 대한 관심이 줄어들기 쉬워서 부모의 불안과 분노가 커지는 결과를 가져올 수밖에 없다.

불안과 분노가 커지면 부모는 자연스럽게 아이를 비난하고 간섭하는 비합리적인 행동을 하게 된다. 이런 불안과 분노는 부모의 리더십을 방해한다. 찬찬히 생각해서 자녀를 이해하고 안정적으로 지도하는 능력을 발휘하기 어렵게 만드는 것이다.

희연이 엄마가 스스로 안정을 찾고 리더십을 발휘하기 위해서는 우선, 이러한 경향이 희연이만이 아니라 사춘기 아이들의 일반적 특성이라는 점을 파악해야 한다. 이 시기의 아이들은 부모를 벗어나 친구에게로 관심이 옮겨지고, 사물을 바라보는 안목이 넓어지며, 부모에게 전달받던 가치관과는 다른 가치관이 생기기도 하고, 공부에 대한 시각이 바뀌기도 한다. 비록 혼란스럽고 어려운 일이지만 부모 스스로 받아들이는 것이 자녀와의 소통을 위한 출발점이 될 수 있음을 새겨두자.

　희연이와 부모의 갈등은 부모의 불안에서 비롯되었다. 사춘기에 이성에 대해 관심을 갖는 것은 자연스러운 성장 과정인데, 희연이 부모는 이를 자연스럽게 지켜보기가 힘들었던 것이다. 남자 친구를 사귐으로써 당장 무슨 문제가 생긴 것도 아닌데 앞으로 성적이 떨어질까봐 불안해하는 부모를 희연이는 이해하기 힘들었다. 자기는 아무 문제가 없는데 문제가 있는 것처럼 보고, 나쁜 아이 취급하는 것을 받아들이기 힘들었다.
　희연이와 부모의 갈등을 해결하기 위해서는 우선 희연이 부모의 불안한 심정을 다독이는 것이 필요했다. 부모가 서로 불안을 이해하고 다독이는 시간을 가져보는 것도 필요했다. 어쨌거나 불안

엄마가 나서면 사춘기에도 성적이 오른다!

이 해소되지 않으면 아이에게 계속 불안을 전가하고 화풀이하게 될 것이기 때문이다.

부모의 불안이 해소된 후, 희연이 부모는 남자 친구를 사귀는 것을 인정하되 적절한 규칙을 정하기로 했다. 그래서 아이와 함께 어떤 규칙이 필요한지 의논했다. 그 결과 부모는 마음의 불안을 덜 수 있었고, 아이는 자율성이 보장되어 불필요한 마찰이나 반발을 줄일 수 있었다.

성적은 떨어지는데 학원도 안 가고 피시방만 드나들어요
엄마는 제 스트레스를 알지도 못하면서 잔소리만 해요!

사춘기 자녀들이 겪는 정신적 압박감, 스트레스에 대해 부모들은 얼마나 실감할 수 있을까? 윤민이 엄마는 아이만 생각하면 너무 불안해져서 상담실을 찾은 경우다. 학업 성적은 자꾸 떨어지는데, 학원에 갈 생각은 안 하고 피시방만 드나드니 속이 타지 않을 수 없었다. 고등학교에 들어가서 1학년은 잘 견디는가 싶더니, 2학년이 되어서는 방황이 심해져서 지금의 상태가 되었다고 했다.

윤민이 역시 공부를 잘해서 좋은 대학에 가고 싶은 열망이 있다. 그래서 그동안 열심히 노력을 했다. 그런데 최근 들어 모든 게 혼란스럽고 방황을 하게 되어 자기 스스로 놀라고 걱정된다고 한다. 다시 잘해보고 싶은데 자기 의지와 무관하게 공부에 집중을 할 수가 없다. 아니 집중이 되지 않는다.

학생이 학원 수업에 빠지고 피시방에 드나드는 것은 통제되어야 한다. 그러나 통제만 하는 것은 문제를 근본적으로 해결하는 방법이 아니다. 문제를 해결하기 위해서는 왜 그런 행동을 하게 되었는지 원인을 찾아보아야 한다.

사춘기 자녀가 겪는 스트레스는 다양한데, 그중에서도 학업과 입시에 대한 스트레스는 상상을 초월한다. 사춘기 자녀들이 겪는 과중한 부담에 대해 어른들은 "우리가 일찍 태어나서 빨리 졸업했기에 다행이지, 지금과 같은 입시 지옥을 겪는다면 정말 못 해낼 거야!"라고 말들 한다. 그만큼 지금의 중·고등 교육 과정이 아이들에게 힘들어 보인다는 말이다.

이런 스트레스를 덜어주려면 부모가 좀 더 넓은 차원에서 생각하고 차분히 대응할 필요가 있다.

먼저, 아이가 왜 힘들어하는지 아이의 말에 귀 기울이고 관찰하는 것이 좋다. 그래서 아이의 스트레스를 인정하고 공감하는 기

엄마가 나서면 사춘기에도 성적이 오른다!

회를 만들자. 부모의 마음 안에 그런 '이해의 자리'가 마련되어야 자녀에게 상처를 주지 않고 지도할 수가 있다.

둘째, '이해의 자리'가 마련되면 아이는 스트레스를 부모와 공유함으로써 점점 안정을 되찾을 수 있다. 그 결과 어려움을 견디고 이기는 힘을 갖게 된다.

부모의 진정한 도움은 바로 이런 것이다.

상담을 하면서 자신의 힘든 점을 부모와 공유한 윤민이는 부모에게 이해를 받는 과정에서 일단은 시원함을 경험했다. 그리고 앞으로는 서로 힘든 점이 있으면 표현해서 함께 나누는 시간을 갖기로 했다.

스스로 하는 법이 없어요, 잔소리라도 안 하면 꼼짝도 안 해요

하면 뭘 해요. 또 흠 잡힐 텐데…… 언제나 부족한 것만 찾아내잖아요!

윤수는 매일 혼난다. 부모의 불신 속에서 간섭과 통제를 받으면서 생활한다. 그러한 생활 방식이 습관이 되다 보니 이제는 부모의 간섭과 통제에 길들여져 스스로 해야 할 일을 떠올리지 못하고,

029

차라리 잔소리를 듣는 것이 편한 상태가 되었다.

윤수 엄마의 호소를 들어보자.

"무엇 하나 스스로 하지 않고 너무 무계획적이에요. 날마다 아침부터 잔소리를 하지 않으면 알아서 할 줄을 모른다니까요. 속 답답해 죽겠어요!"

한창 의욕이 넘칠 사춘기 아이가 왜 이렇게 무기력해진 것일까? 그것은 오랜 상호 작용의 결과라고 볼 수 있다.

윤수 엄마는 아이에 대한 기대가 높았다. 기대가 높다 보니 부족한 면이 보이면 엄격하게 평가절하하고 비난하고 더 잘하라고 독촉했다. 그런 엄마의 태도에 아이가 어떠한 상처를 받는지는 중요하지 않았고, 알려고도 하지 않았다. 어쩌면 엄마는 잘하길 바라는 마음이 너무 큰 나머지 부드럽게 대해주면 아이가 정신을 안 차

엄마가 나서면 사춘기에도 성적이 오른다!

릴까 봐 두려웠던 것인지도 모른다.

이런 부모와 자녀 관계에서 자녀가 무기력해지는 것은 불 보듯 뻔하다.

"하면 뭘 해요. 뭘 해도 흠 잡힐 텐데. 부모님 눈에는 항상 부족한 것만 보이잖아요!"

윤수 부모는 자신들의 기대만 중요했고, 윤수가 해낸 결과는 그리 중요하지 않았다. 노력을 해도 소용이 없다는 경험이 반복되자 윤수의 마음에는 분노가 쌓였다.

칭찬을 먹고 자라야 할 아이가 부모의 기대에 부응하고 통제를 당하느라고 마음고생을 하고 있었던 것이다. 이쯤 되면 부모가 원하는 것이 무엇일까 혼란스럽다. 아이가 성장해서 부모로부터 독립하는 것을 바라는지, 부모의 통제를 받아야 할 어린아이로 남아 있길 바라는 것인지 애매할 뿐이다.

사춘기 갈등은 성장통이다

어린 시절 키가 자라면서 겪는 성장통보다 훨씬 힘겨운 마음의 성장통이 바로 사춘기다. 사춘기 아이들은 생리적, 신체적, 심리적 변화를 겪는 가운데 다양한 경험을 하면서 성장하고 발달하는데 이러한 과정에서 부모, 교사와 여러 가지 다양한 갈등을 겪게 되기 때문이다.

마음 가는 데 몸 간다고 한다. 마음이 떠나면 몸도 말을 안 듣는다는 뜻이다. 사춘기 아이들의 학습이 특히 그렇다. 마음이 편하지 않으면 학습 의욕이 떨어지고, 결국 성적에 그대로 반영된다. 아이를 기르고 살림을 하는 주부도 마음이 불편하면 아이도 남편도 살림도 다 귀찮아지고 짜증이 늘게 마련인데, 사춘기 아이들이야 오죽하겠는가. 그만큼 마음의 불편함은 우리의 실생활에 큰 영향을 끼친다.

앞의 사례에서 보는 바와 같이, 부모와 자녀의 갈등이 오래 계속되면 아이의 마음이 불편해지고 문제점이 악화된다. 미희는 더 정리를 안 하고 부모를 힘들게 했으며, 윤철이는 부모와 힘겨루기하면서 자기 멋대로 하는 아이가 되었고, 희연이는 친구에게 더 몰입하는 것으로 스트레스를 해소하면서 공부를 뒷전으로 미뤘다. 그리고 윤민이는 피시방에 드나드는 시간이 더 늘어났고 성적은 계속 떨어졌으며, 윤수는 무기력하게 게으름 피우는 아이가 되었다. 부모들이 아이들을 지도하는 데 무력감을 느끼고 상담소를 찾았을 때는 이미 부모 자식 간에 신뢰가 깨지고, 부모로서의 권위도 상당 부분 잃은 후였다.

왜 사춘기가 되면 약속이나 한 듯 부모를 힘들게 하는 걸까?

사춘기 아이들은 생리적, 신체적, 심리적 변화를 겪는 가운데 다양한 경험을 한다. 특히 각 영역에서 여러 종류의 관계를 맺으면서 심리적으로 성장하는 단계를 밟아간다.

먼저 가정에서는 부모의 통제를 벗어나 자기 생각과 의지대로 문제를 해결하고 결정하려고 한다. 학교에서는 교사의 지시와 학교 규칙을 답답해하고 다양성을 존중해달라고 항의하기도 한다.

이러한 과정에서 사춘기 자녀와 부모, 교사는 서로 다양한 욕구 갈등을 경험한다. 이것은 일종의 성장통이라고 할 수 있다. 어릴 적 성장통이 몸이 자라는 과정에서 생기는 것이라면, 사춘기 성장통은 마음이 자라는 과정에서 생기는 통증이다.

개인이나 집단의 욕구에서 비롯된 갈등을 원만하게 해결할 능력을 가진 사회는 건강한 사회다. 마찬가지로 개인 역시 타인과의 욕구 갈등을 해결하는 과정에서 성숙해진다. 그렇게 볼 때 사춘기야말로 개인이 성숙하는 시기라고 할 수 있다.

부모의 보호와 지도 아래 아동기를 보낸 아이는 사춘기가 되면서 이를 통제와 간섭으로 여기게 된다. 그래서 독립을 시도하고, 자신의 생각을 분명하게 표현하며, 나아가 스스로 판단하고 행동하려고 한다. 예를 들어, 생활 방식이나 공부 방식에서 부모가 제시하는 방향과 의견이 달라 마찰을 빚는 경우가 수시로 발생한다. 사춘기에는 이런 욕구 갈등이 수없이 생겼다 사라지고, 그 해결 과정을 통해 성장하면서 성인이 된다.

부모로부터 독립을 원하지만 아직은 정서적 · 경제적으로 의존할 수밖에 없는 사춘기 아이들의 입장에서는 부모나 교사 등에게

엄마가 나서면 사춘기에도 성적이 오른다!

자신의 의견을 주장할 때 어
려움을 느낀다. 때로는 변변
히 주장을 펴지도 못하고 권위
자의 말에 복종하게 되고, 때로는
안간힘을 써서 자기 의견을 관철시

키기도 한다. 이러한 과정에서 협상에 성공하면 자신의 생각과 판
단을 인정받은 데 대한 기쁨을 느끼고, 자아 성취감을 경험하며,
자기 정체성에 대한 신뢰를 쌓게 된다. 반면 번번이 협상에서 좌절
하는 경우 문제 해결에 대한 자신감이 줄어들고 문제를 회피하는
태도를 갖게 되며 자존감도 낮아진다.

　이를 학습 측면에 적용해보면, 협상 과정에서 성공한 경험이
많은 아이는 학습 동기와 욕구를 갖게 되고, 실패 경험이 많은 아
이는 학습에 집중하는 동력을 상실하는 경우가 많다.
　따라서 자녀가 부모 말에 순종한다고 좋아할 일이 아니다. 사
춘기 아이가 성공적인 협상 과정을 경험하도록 열린 마음으로 아
이와 대화를 나눠야 하며, 아이의 의견이 관철되지 못해 좌절의 아
픔을 겪어야 할 때도 충분히 이해하고 극복할 수 있는 방안을 함께
제시해야 한다.

035

사춘기를 이해하면 부모도 아이도 즐거워진다

사춘기는 몸과 마음이 급격하고 불안정하게 변화하는 시기인 동시에 진로를 선택하고 준비해야 하는 과업을 안고 있는 시기다. 한마디로 겪어야 할 일도 해내야 할 일도 많은 시기인 셈인데, 부모가 꾸준하고 일관된 도움을 주면 아이가 버거움을 덜고 학업에 대한 집중력을 높이는 데 도움이 된다.

아이도 부모도 힘겨운 마음의 성장통, 사춘기를 슬기롭게 보내려면 아이에 대한 인식을 새롭게 가져야 한다.

첫째, 사춘기 자녀의 특성을 파악하고 충분히 고려하여 자녀 지도에 활용해야 한다. 사춘기 아이들은 자기 영역을 존중받고 싶어 하고, 자율적으로 판단하고 행동하고 싶어 하며, 친구 관계를 매우 중요하게 생각하고, 학습에 대한 부담을 느끼며, 다른 사람에게 통제당하기 싫어하는 성향이 두드러진다.

둘째, 자녀의 장점과 단점, 강점과 약점을 통합적으로 보는 시각이 필요하다. 사춘기의 변화는 다른 시기에 경험할 수 없는 성장의 보약이라고 할 수 있다. 아이들은 그 과정을 통해서 자율적으로 자기 문제를 관리하고 미래의 진로를 결정하는 기반을 마련한다. 더 나아가 폭넓은 인간관계를 형성하고, 갈등을 해결하는 기술도 좋아지며, 어려운 시기를 버티고 견뎌내는 힘도 갖추게 된다.

그러나 여전히 불안을 함께 갖고 있으며, 다소 비현실적인 경향이 있다는 것을 부모는 알아야 한다. 이때 부모에게 필요한 세 가지 태도는 존중과 제한, 그리고 안내다.

존중은 사춘기 특성을 존중하고 통합적 시각에서 지켜보는 것이며, 제한은 어떤 일의 제한점과 규칙을 미리 알려주고 지키도록 돕는 것이다. 안내는 자녀가 앞으로 나아가는 과정에서 좀 더 깊이 생각하도록 이끌어주는 것을 말한다.

셋째, 부모는 아이와 일정한 거리를 유지하고 관여 수준을 조절하여 돕되 일관성을 가져야 한다. 왜냐하면 아이의 사춘기는 하루 이틀로 끝나는 것이 아니라 중·고등학생 시절 전반에 걸쳐 이어지기 때문이다. 사춘기는 몸과 마음이 급격하고 불안정하게 변화하는 시기인 동시에 진로를 선택하고 준비해야 하는 시기다. 한

1장 | 사춘기 자녀 부모 노릇 하기 너무 힘들다!

마디로 겪어야 할 일도 해내야 할 일도 많은 시기인 셈인데, 부모가 꾸준하고 일관된 도움을 주면 아이는 버거움을 덜고 학업에 집중할 수 있게 된다.

사춘기는 부모와 자녀 사이에 욕구 갈등이 빈번하게 일어나는 시기다. 욕구 갈등이 빈번하다는 것은 그만큼 부모가 바라는 방향과 아이가 원하는 방향이 일치하지 않을 때가 많다는 증거다.

어떤 면에서 보면 욕구 갈등은 힘의 균형을 이루려는 부모 자녀 간의 몸부림이라 할 수도 있다. 이는 부모 자신의 부부 관계를 상상해보아도 실감할 것이다. 자신의 영역을 지키려는 가족 간의 몸부림, 또한 자신의 존재감을 확인하려는 시도라고 할 수 있다.

갈등이 고조된 상태가 지속되는 것은 부모에게도 피곤한 일이다. 그러므로 잠시 팽팽한 줄을 놓는 휴지기도 필요하고, 밀착보다는 거리를 유지하는 것도 필요하다. 때로는 통제와 간섭보다 일정한 거리를 유지하고 관망하는 것이 더 효과적이다. 이를 위해 사춘기 자녀와 부모의 관계에 연애의 법칙을 적용해도 좋다. 부모 자신의 연애 시절을 떠올려보면, 거리 유지와 관여 수준의 조절, 통제와 간섭의 조절이 중요함이 실감날 것이다.

엄마가 나서면 사춘기에도 성적이 오른다!

그 원칙을 모아보면, '△넘치게 주지 않는다 △거리를 유지한다 △거절을 분명히 한다 △원칙과 책임 선을 분명히 한다 △감정의 소통을 많이 한다'로 정리할 수 있다.

우선, '넘치게 주지 않는다'는 것은 주고받기의 균형을 유지한다는 것이다. 부모와 자녀 관계에서도 넘치는 것은 부족한 것만 못하다. '너를 위해서라면 무엇이든 해줄 수 있어' 식의 태도는 자녀의 일생을 망치는 양육 태도다.

왜냐하면 아이가 스스로 하기도 전에 부모가 나서서 도와주고 해결해주면 아이는 책임감 있는 행동을 하지 못하고, 스스로 해야 할 일을 해내지 못했다는 자책과 수치심을 갖게 되고, 의존하게 되기 때문이다.

앞의 사례에서 미희 엄마가 산만하고 정리를 안 하는 딸의 방을 계속 치워주는 것은 넘치게 주는 과잉 친절에 해당한다. 그 결과 미희는 자기 스스로 해결하려는 의지가 없어졌다.

이런 경우 '단호하고 냉정한 친절함'이 필요하다. 아이의 요구에 "그래 다 해줄게 기다려"라며 응해주는 것보다 "좀 생각해보자꾸나"로 대응하는 언어 습관이 더 도움이 된다.

사춘기는 부모로부터 독립하고 스스로 책임지는 행동을 차근 차근 배워나가는 중요한 시기이므로 그 기회를 빼앗아서는 안 된다. 따라서 아이의 손과 발을 대신할 것이 아니라 안내자의 역할을 하는 것이 중요하다.

'거리를 유지한다' 는 것은 사춘기 아이의 세계에 깊이 관여하지 않고 지켜보는 것을 말한다. 사춘기 자녀가 스스로 생각하고 행동하고 모험을 시도하는 것을 한 발 떨어져서 바라보며, 시행착오를 경험하도록 지켜주는 것이다.

그런데 많은 부모가 거리를 유지하지 못한다. 아이들이 잘하지 못할 것이라고 걱정하기 때문이다. 이런 부모는 일방적인 행동을 하기 쉽다. 못하게 말리고, 해서는 안 된다고 설명하고, 개입해서 바로 고쳐주는 것이다. 부모가 이런 태도를 보이면 아이는 말 그대로 온실 속의 화초 같은 존재가 된다. 뭔가를 시도하기도 전에 먼저 두려움을 느끼고, '난 이런 것도 못하는 아이' 라는 수치심을 갖게 된다.

사례에서 아이의 학업 스케줄을 일일이 통제하는 윤수의 부모는 거리를 유지하지 못하는 경우에 해당한다. 부모의 이런 태도는 아이의 성장을 방해하는 결과를 낳는다.

자녀가 잘 성장하도록 도와주려면, 부모가 먼저 불안과 두려움을 이겨내야 한다. 비현실적인 불안과 두려움을 살피고 견제하며, 자녀에게 헌신하는 수위를 조절해야 한다. 가끔은 위대하고 전지전능한 부모로 보이려는 헛된 열망에서 빗어나 부족한 면을 보여주는 용기도 필요하다. 넘치는 애정을 숨기는 큰 사랑도 필요한 법이다.

'거절을 분명히 한다'는 것은 사춘기 자녀에 대한 '큰 사랑'을 실천하는 것을 말한다. 어떤 부모 자식이라도 서로 기대하는 바가 있게 마련이다. 그런데 기대와 요구가 늘 충족될 수는 없다. 오히려 기대와 요구가 거부되거나 좌절되는 것이 자연스러운 현상이다.

이럴 때 아이가 요구하는 대로 들어주면 부모와 자녀 사이는 의존적 관계가 되고 아이는 어린아이처럼 퇴행할 수도 있다. 또 이런 부모의 심리에는 자신이 주는 만큼 상대방에게 기대하는 마음이 깃들여 있어, 아이가 기대만큼 잘하지 못하면 "나는 네가 해달라는 걸 다 해주는데, 왜 너는 내가 하라는 대로 안 하니?"라고 원망하기도 한다.

아이가 요구할 때 부모는 가능한 것과 불가능한 것을 분명히 구분해야 한다. 사춘기 자녀들이 이것을 인식하게 되면 책임과 의무를 실행하고 견뎌내는 힘이 커진다. 또 자신의 기대를 조절하고 현실적인 요구를 하게 된다.

그런데 완벽주의 성향의 부모들은 거절을 부적절하게 사용하곤 한다. 즉, 거절을 해야 할 곳에서 안 하고 거절하지 않아야 할 데서 냉혹하게 거절한다. 힘들다는 호소에 밥을 먹여주고, 돈을 대주고, 해서는 안 되는 일을 허용한다. 이것이 사춘기 자녀의 의존성을 강화시킨다는 사실을 모르고 말이다.

사춘기에는 물질적, 행동적인 부분에서 거절을 해야 할 영역이 늘어나는 반면 심리적, 심정적인 부분에서는 거절보다 친절함이 필요하다. 자녀의 지나친 요구나 행동에 대해서는 거절 의사를 분명히 전하되, 무언가 절실히 원하는 심정과 거절당할 때의 불편한 마음을 읽어줄 수 있어야 한다.

'원칙과 책임 선을 분명히 한다'는 것은 너무 단호하고 매몰차게 들릴지 모른다. 사춘기는 매우 힘든 시기인데 그렇게까지 냉정하게 대할 것 있느냐고 반문할 수도 있다. 하지만 원칙과 책임 선을 분명히 하는 것은 성인기를 대비하기 위해서 중요하다.

이런 방법을 통해서 아이들은 자기 충동을 조절하는 방법과 욕구를 성취하는 데에는 책임이 따른다는 것을 배우게 된다. 사춘기를 '13-18'로 불리는 중 · 고등학교 시기 6년 정도의 기간이라고 보면, 이때는 습관이 새로 형성되는 중요한 2차 시기라고 보아도 좋다. 이 시기에는 윤리와 원칙, 책임 선의 경계를 습득하면 자기 조절에 큰 도움이 된다.

그런 점에서 평소 가족 내에 규칙을 정하고 지키는 것은 큰 도움이 된다. 그동안 별다른 규칙이 없었다면 이제라도 정하도록 하자. 이 일은 네가 하고, 저 일은 내가 하자는 식으로 부모의 책임과 아이의 책임을 명확히 해야 한다. 그러나 규칙은 부모가 일방적으로 정하면 곤란하다. 부모가 일방적으로 정한 규칙을 따르라고 하면 반발심만 낳을 뿐이다. 그러므로 규칙은 아이와 부모가 함께 의

1장 | 사춘기 자녀 부모 노릇 하기 너무 힘들다!

논해서 정하는 것이 좋다. 규칙의 예로는 아이 방에 들어갈 때 노크하기, 귀가 시간 정하기 등이 있다.

사례에 등장하는 희연이의 부모는 딸의 이성 교제를 허용하되 귀가 시간을 꼭 지키고, 학교나 학원에 반드시 출석하는 등의 규칙을 지키기로 약속해야 한다.

'감정소통을 많이 한다'는 것은 아이의 감정 기복이 특히 심해질 때 적절하게 대응하는 것이다. 특히 사춘기는 욕구가 활발하게 일어나는 시기인 만큼 성취와 좌절에 대한 정서 반응 또한 다양하게 나타난다. 이럴 때 아이들의 감정 변화를 민감하게 알아차리고 반응해주는 것은 제일 좋은 처방이다. 마음을 편하게 하고, 엔도르핀을 생성시켜서 스트레스를 해소시켜주기 때문이다. 물론, 이는 사춘기 자녀와 거리를 유지하고 적절하게 개입하여 도와주고 원칙과 책임 선을 지키는 가운데 이뤄져야 한다. 부모의 감정과 이성이 적절히 분리되고 조화될 때 사춘기 아이의 판단 능력과 실행 능력이 발휘되기 때문이다.

사춘기 자녀의 성적을 올리기 위해
지켜야 할 것 vs 버려야 할 것

사사건건 간섭하지 말고 규칙을 정하자.

"집에 일찍 들어와라, 텔레비전 그만 봐라, 공부 좀 해라"

사사건건 간섭하면 갈등만 격화되므로 귀가 시간, 텔레비전 시청 시간, 공부 시간 등에 관한 규칙을 정하자. 규칙을 정할 땐 아이와 충분히 협의해야 스스로 지키게 된다.

- -

일방적으로 명령하지 말고 아이와 의논하자.

"방 청소해라" "9시까지 들어와라"

일방적인 지시나 명령은 반발을 불러일으킬 수 있으므로 되도록 의논하자.

"방 청소는 며칠에 한 번씩 하면 좋을까?" "몇 시까지 들어오는 걸로 할까?"

- -

아이가 할 일을 대신 해주지 말고, 스스로 하게 하자.

할 일을 대신해 주면 아이는 책임감을 가질 수 없다. 답답하더라도 아이가 스스로 할 때까지 기다려보자. 아이를 사랑하는 마음으로 인내력을 발휘해보자.

- -

할 일을 하지 않으면 꾸짖지 말고, 감정을 표현하지.

더 이상 지켜보기 어려울 만큼 아이가 할 일을 하지 않더라도 꾸짖지는 말자. 대신 상황을 알려주고 부모의 감정을 표현하자.

"청소를 안 한지 1주일이 넘으니 너무 지저분해 보여서 실망스럽다."

- -

자꾸 규칙을 어기면 비난하지 말고 권한을 줄이자.

규칙을 지키지 않는다고 비난하면 더욱 규칙을 지키지 않게 된다. 따라서 비난하지 말고 자신의 행동에 책임을 지게 하자. 책임을 지는 방식은 권한을 제한하는 것이 좋다. 용돈을 줄이거나 TV 컴퓨터 사용시간을 제한하는 방식 등이다.

2

책상 앞에 앉아 있는데
성적은 떨어지는 아이

마음의 아픔을 감추고 사느라
성적이 떨어지는 아이들

사춘기 자녀들의 행동을 관찰하고 대화를 나눠보면 소리 없이 힘들어하는 모습들을 발견할 수 있다. 아이들의 감정, 생각, 행동이 어떻게 나타나는지 살펴보자. 다음의 항목을 보며 내 아이의 상태를 점검해보자. 해당되는 항목이 많은 사람은 2장을 유심히 읽어보길 권한다.

☐ 아이가 자주 피곤해한다

☐ 아이가 자주 운다

☐ 자기 자신을 탓하고 자책하고 화를 내는 일이 잦다

☐ 시험이 다가오면 안절부절못하거나 몸이 아픈 적이 많다

☐ 노력해도 안 될 것이라는 말을 자주 한다

☐ 죽고 싶다는 말을 자주 한다

☐ 시험 성적이 전보다 떨어질까 봐 미리 걱정한다

☐ 시험 성적이 떨어지면 부모님이 당연히 혼낼 것이라고 생각한다

☐ 과제 수행을 귀찮아하고 피곤해한다

☐ 표정은 어두운데 말로 표현을 하지 않는다

☐ 시키는 대로 복종하지만 할 일을 미룬다

☐ 친구들과 친하게 지내려고 노력하지도 않고 관심이 없다

☐ 눈을 마주치지 못하고 자기주장을 못한다

☐ 긴장해서 몸에 탈이 나기도 하고, 시험에서 실력을 제대로 발휘하지 못한다

☐ 책상 앞에 멍하니 앉아 있고, 공부에 집중하지 못한다.

사춘기 아이들이 어른에게 자주 듣는 말을 꼽으라고 한다면 아마도 "지금 공부 안 하면 평생 후회한다"라는 표현일 것이다. 어른들이 아이에게 열심히 공부하라는 말을 하는 것은 우선 성적을 높이라는 의미도 있지만 '공부도 때가 있다'는 것을 몸소 체험했기 때문이다.

공부는 평생에 걸쳐서 하는 것이라고 하지만 사춘기 시절, 즉 중·고등학교 시절의 성적이 삶에 가장 큰 영향을 미치는 것은 사실이다. 이 시기의 성적이 높을수록 진로를 준비하는 데 유리하기 때문이다.

아이들도 이것을 알지만 공부에 집중하기는 쉽지 않다. 왜 그럴까? 그 이유는 가지각색이다. 그중 대표적인 것이 마음에 병을 숨기고 있는 경우다.

'어린애가 무슨 마음의 병?'이냐며 반문한다면 사춘기 아이를 몰라도 너무 모르는 것이다. 사춘기 아이들은 꿈이 많은 만큼 하고 싶은 것도, 바라는 것도 많다. 그러나 아직 스스로 판단하고 행동하는 능력이 부족하기에 성취감보다는 좌절감을 맛보는 일이 많다.

공부를 잘해서 인정받고 싶은데 뜻대로 안 되고, 마음에 드는 친구와 사이좋게 지내고 싶어도 그것 또한 뜻대로 안 된다. 부모마저 이해해주기보다 비난과 채찍을 앞세우는 경우가 더 많다. 이때 아이들은 짜증, 실망, 분노 따위의 감정을 느끼게 되며, 이는 문제 해결 과정에서 겪는 자연스러운 정서다.

　이런 정서 경험을 긍정적 힘으로 변화시키려면 부모와 교사 등 주변의 이해와 배려가 필요하다. 그러나 사춘기 아이가 겪는 좌절의 아픔을 이해하는 부모나 교사들은 많지 않다. 이런 경우 아이는 실망과 분노를 감추고 혼자 삭이며 생활하게 된다. 아이가 아픔을 혼자 감추고 묵히는 데 에너지를 많이 쓸수록 공부에 집중하는 에너지는 점점 줄어든다. 마음의 아픔을 감추고 사는 아이들의 고충을 들어보자.

공부하는 시늉만 하면 뭐해? 집중을 해야지

"가슴이 답답하고 학교에도 가기 싫어요. 병원에서는 아무 이상이 없다는데 왜 그럴까요?"

"공부 잘하던 아이가 성적이 뚝 떨어졌어요. 잠도 못 자고 밥도 못 먹으니 어쩌면 좋을까요?"

"애가 자꾸 학교에 안 가려고 해요. 친구들이 괴롭힐까 봐 두려워서 가기 싫대요."

"친구도 없고 공부를 따라가기도 힘들어서 학교를 그만두겠대요."

가슴이 답답하고 학교도 가기 싫대요
동생만 예뻐하면서 공부만 강요하는 부모님이 미워요

승미 엄마는 공부에 집중이 안 되고 가슴이 답답해서 힘들어한
다는 딸을 데리고 상담소를 찾았다. 초등학교 때까지만 해도 승미
는 학교 생활을 즐겁게 하고 공부도 제법 했다. 그런데 요즘에는
학교에 가기 싫어하고, 수업 시간에도 멍하니 앉아서 딴생각만 한
단다. 병원 검사 결과 신체에 아무런 이상이 없다는데 승미는 계속

엄마가 나서면 사춘기에도 성적이 오른다!

숨이 막힐 것처럼 가슴이 답답하고 아프다고 한다. 열심히 공부를 해야 할 아이가 이런 얘기를 하니 부모는 놀랄 수밖에 없었다.

먼저 승미의 얘기를 들어보았더니 역시 공부에 집중하기 힘든 이유가 있었다. 부모가 동생만 예뻐하고 자신에게 관심을 주지 않는 것이 너무 서운하고 견디기 힘들었던 것이다. 그렇다고 자신의 마음을 보여주자니 자존심이 상해서 혼자 속을 끓이게 되었고 공부에 집중이 안 된 것이다. 승미는 부모가 미운 나머지 엄마 아빠가 기대하는 공부를 외면하게 되었다.

게다가 중학교에 들어와서는 학교 생활에 적응하는 것도 힘들었는데, 부모는 무엇이 힘든지 알려고도 하지 않고 그저 공부만 하라고 다그쳤다. 승미의 원망은 커져갔고 공부를 하고 싶은 생각도 들지 않았다. 이러한 부정적인 감정 덩어리가 자신의 진로에 중요한 영향을 준다는 사실을 승미도 부모도 미처 알지 못했으므로 애꿎은 병원만 드나든 것이다.

이런 경우 아이를 도울 수 있는 방법은 아이의 마음속 소리에 귀 기울이는 것이라고 말했더니, "마음의 소리를 어떻게 하면 잘 알아들을 수 있나요?" 하고 되물었다. 물질적으로 지원해주고, 부족한 부분을 지적하고 충고하는 것이 부모 역할이라고 생각해온

051

부모에게 "무엇을 해주려고 하기보다 무엇을 원하는지 들어보라"는 주문은 너무나 어려웠던 것이다. 하지만 승미의 부모는 그런 노력을 기울였고, 그 결과 아이가 뭘 원하는지 알게 되었다. 이전에는 승미를 도우려고만 했지 제대로 도와주는 방법을 몰랐던 것이다.

부모가 만능 해결사가 되어 방법을 지시하기보다는 아이의 마음을 알아주는 게 더 중요하다. 승미 부모는 예전처럼 아이가 힘들다고 호소할 때면 "네가 그랬으니 그러지" 하고 미리 짐작하여 판단하지 않고 "힘들었구나. 그래서 어렵구나"라고 마음을 읽어주었다. 부모가 노력하자 마음이 풀린 승미는 학교에 다니는 것이 더 이상 어렵지 않았다.

아이가 잠을 못 자고 밥도 못 먹고 성적도 계속 떨어져요
성적이 떨어질까 봐 불안해서 공부에 집중이 안 돼요

준수는 원래 공부를 잘하는 아이였는데 점점 공부에 자신이 없어지고 시험 기간이 되면 불안해서 잠도 제대로 못 잔다. 엄마는 점점 말이 없어지고 제대로 먹지도 못하며 힘들어하는 아이를 보고, 성적이 떨어질까 봐 겁이 나서 상담실 문을 두드렸다. 준수 엄마는 아이의 성적에 무척 민감했는데 성적이 떨어지면 남편에게 책임을 추궁당하기 때문이었다.

얘기를 들어보니 준수는 정말로 성실한 아이였다. 부모가 기대하는 만큼 열심히 공부하여 우수한 성적을 꾸준히 유지하고 있었다. 하지만 그런 준수에게도 오랜 세월 동안 마음을 괴롭히는 문제가 있었다. 초등학생이었을 때 준수는 아빠가 중학생이었던 형을 성적 문제로 자주 야단치는 것을 목격했었다. 성적이 조금만 떨어져도 "그렇게 해서 앞으로 뭐가 되겠니? 그 정도밖에 못하면 학교 때려치우는 게 낫겠다!" 하면서 성적표를 찢어버리는 아빠의 모습은 준수에게 두려움을 안겨주었다. 그 후 준수는 형처럼 혼나지 않기 위해 열심히 공부했다.

그러나 아빠에 대한 두려움과 부담은 사춘기가 되면서 미움으로 바뀌었다. 마음 같아서는 아빠에게 대항하고 싶었지만 단 한 번도 맞서거나 표현하지 못하고 지금에 이르렀다. 아빠에 대한 불만과 분노의 감정을 혼자 감추고 있다 보니 공부에 대한 부담도 커지고, 스트레스는 극에 다다랐다. 시험 기간이 다가올수록 집중력은 더 떨어져서 외워도 잊어버리기 일쑤였고, 책상 앞에 앉아 있어도 멍한 상태였다. 아빠에 대한 미움 때문에 시험공부를 제대로 할 수 없는 상태가 되어버린 것이다.

하지만 엄마 아빠가 이것을 알아줄 리 없었다. 오히려 부모님은 자식의 고통은 아랑곳하지 않고 "어쨌건 잘 견뎌내라! 성적을 더 높여야 한다"고 다그쳤다. 준수는 화가 났지만 '내 상태는 상관없이 어쨌거나 부모님의 뜻대로만 해달라는 말씀이시죠?' 하는 말을 입 밖에 꺼낼 수 없었다.

준수를 위해 시급히 해야 할 일은 부모의 마음을 알아보는 것이었다. 부모의 마음을 살펴보는 것은 책망하려는 게 아니라 준수를 직접 도와주는 조력자로서 부모의 힘을 키워주기 위함이다.

부모의 마음을 살펴보니, 준수에 대한 엄마 아빠의 열망은 대단했다. 부모가 가지 못한 대학을 다니길 바라는 열망, 성적이 상위권에서 벗어나지 않길 바라는 기대로 가득했다. 준수가 공부를 잘할수록 그 열망과 기대는 꼭 이뤄질 것이라는 확신으로 바뀌어갔다. 큰아이가 기대를 저버린 데 대해 실망과 배신감이 너무 컸고, 부모로서 자존심이 상했다고 한다. 열망이 너무 간절한 나머지 준수를 엄격하게 대하며 조금이라도 성적이 떨어지면 불안감이 커져서 아이를 더 다잡았던 것이다.

부모 상담 시간을 마련하여 준수 부모가 불안과 분노를 충분히

엄마가 나서면 사춘기에도 성적이 오른다!

다스리고 해소하도록 도왔다. 부모가
그 감정에서 벗어나야 준수의 조력자
역할을 할 수 있다고 생각했기
때문이다. 그리고 나서
부모에게 "준수를 도와
주는 것은 공부 방법에 대

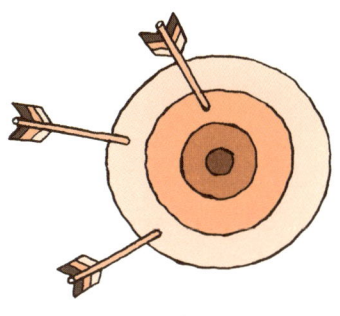

해 유연하게 대처하는 것"이라고 말해주었다. "무조건 열심히 해
야 한다"는 냉정한 독촉을 줄이라고 했다.

　이에 따라 준수 부모는 공부하는 본인인 아이의 힘든 마음을
어루만져주려고 노력했다. 또 학습 동기가 높은 준수에 대한 통제
를 그만두고 공부 스케줄을 알아서 관리하도록 했다. 이 과정을 통
해서 부모는 준수에 대한 기대를 조절하고 아이에게 "힘들지? 네
가 부담을 많이 느끼는구나. 어떻게 하면 덜 힘들겠니?"라고 말을
건네기 시작했다. 준수 같은 아이는 부모가 쉬라고 말하지 않아도
이렇게 감정소통만으로도 정서적 안정감이 높아지고 스스로 대처
하고 관리할 수 있는 능력이 생긴다. 부모가 노력을 기울인 결과
준수는 비로소 숨통이 트이는 느낌이 들었다고 했다.

애가 자꾸 학교에 안 가려고 하니 걱정이에요
친구들이 나를 안 좋게 생각할까 봐 불안해요

영준이에게 학교는 지뢰밭 건너편의 꽃밭 같은 곳이었다. 예쁘고 향기로운 꽃 옆에 가고 싶지만 지뢰를 밟을까 싶어 늘 불안한 공간이었던 것이다.

영준이를 만난 것은 불안감이 너무 커져서 더 이상 학교에 가기 어려운 상황에서였다. 아이는 학교에서 친구들이 장난을 치면 금방 자존심이 상했다. 싸움이 날까 봐 두려워서 직접 대항하지는 못하고 혼자서 괴로워하며 보냈다. 그런데 이제는 참기가 힘들어서 친구들이 조금만 건드려도 한 대 칠 것 같은 충동을 느낀다고 했다.

며칠 전에는 친구가 장난치듯 옆구리를 찔렀는데 홧김에 주먹으로 친구의 머리를 쥐어박았다. 그날 이후 영준이는 아이들이 자신을 괴롭힐 것 같은 느낌이 들어, 학교에 가는 것이 더 불안하고 두려웠다. 부모는 영준이가 이러다가 아예 학업을 중단하게 될까 봐 걱정이었다. "괜찮다, 괜찮다!" 하면서 위로를 해주었지만 영준이는 점점 더 심각한 상태가 되어 결석이 잦아졌다. 며칠 고민했으면 그만 참고 학교에 다니면서 적응하면 좋으련만 너무 오래 그런

056

상황이 지속된 것이다.

급기야 부모도 짜증이 나고 힘들어져서 "왜 자꾸 그러느냐?"고 다그쳤다. 그런데 영준이의 반응은 평소와 달리 완강했다. 평소엔 다그치면 알아서 공부를 하거나 엄마가 시키는 대로 잘 따랐는데 이번엔 달랐다. 상담을 통해서 알고 보니 아이의 그러한 고통은 이미 오래전부터 이어져온 것이었다.

영준이는 친구들이 조금만 장난을 쳐도 위협으로 느끼며 두려움과 불안 속에 살았다. 혹시 친구들이 자기를 싫어해서 그러는 것은 아닐까라고 생각하고, 또다시 괴롭힘을 당할까 봐 신경이 쓰였다. 친구들의 사소한 말도 그냥 농담으로 웃어넘기지 못했고 항상 심각했다. 늘 친구들의 눈치를 보는 영준이는 사소한 장난에도 민감했다. 친구가 자기에게 어떤 행동을 하면 그 이유를 생각하느라고 공부에 집중하기가 힘들었다. '혹시 내가 공부를 못한다고, 못생겼다고 얕잡아보는 것은 아닐까?', '내가 맘에 안 들었나?', '나를 무시하는 것은 아닌가?' 따위의 생각들이 머릿속에서 자꾸 맴돌았다.

영준이는 친구 관계를 가장 중요하게 생각하는 아이였다. 가정에서도 화목한 분위기를 가장 중요하게 생각해서 엄마 아빠가 조금이라도 싸우는 눈치가 보이면 불안해했다. 갈등 상황을 견디기 힘들어했던 것이다. 이렇게 가족이나 친구들과의 관계를 중요시하고 잘 지내려고 노력하는 고운 심성의 영준이에게 친구들의 거친 행동은 스트레스가 되었다.

학교라는 사회에서 수많은 스트레스를 안고 사는 아이들이 함께 생활하다 보면 때때로 서로 상처를 주기도 하는데 영준이처럼 내향적인 아이는 그 상처가 더 깊게 남는다. 다른 측면에서 보면 영준이 같은 아이는 친구와 잘 지내려는 욕구가 더 큰, 관계 지향적인 성격이다. 관계 지향적이라는 것은 관계 욕구가 높다는 점에서 긍정적일 수 있지만, 반면 자신과 관계를 맺은 이들과의 갈등을 이겨내지 못한다는 점에서 문제점을 갖는다. 특히 이런 불안을 혼자 감당하게 되면 나중에는 극도로 힘들어져서 등교를 거부하는 일이 생기거나 성적이 급격히 곤두박질치게 된다.

이런 경우 아이는 자신의 고통을 이야기하고 부모가 그 사실을 알아주는 것만으로도 안심을 하고 힘을 얻는다. 먼저 이야기함으로써 문제가 해결될 수 있다는 소중한 경험이 생긴 후에는 친구 사이에 힘든 일이 있어도 견뎌내게 되는 것이다.

결국 아이가 말을 하지 않으면 아무 소용없는 것 아니냐고 낙

엄마가 나서면 사춘기에도 성적이 오른다!

담하면 안 된다. 그래서 부모의 세심한 관찰이 필요한 것이다. 외향적인 아이들은 겉으로 표현하므로 알기 쉽지만 내향적인 아이들은 말로 표현하지 않으므로 알아채기가 쉽지는 않다. 표정, 억양, 간단한 말, 음성 등 비언어적 단서들을 통해 속마음을 읽어야 한다. "요새 뭐가 힘든 것 같은데……" 하고 물어보거나 "무엇 때문에 힘든지 알아야 도와줄 텐데 말을 해주지 않으니 답답하다. 함께 나누면 좋겠구나" 하고 제안을 해보는 게 좋다.

영준이의 부모도 아이를 도우려고 했지만 혼자만 끙끙 앓을 뿐 부모에게 알리지 않았기 때문에 도울 수가 없었다. 자신의 고민을 부모와 상의하고, 친구들과 이야기를 나누며 문제를 해결해야 한다는 것이 그리 쉽지 않았던 것이다.

영준이는 이러한 고통을 부모에게 이야기한 후 참 명랑해졌다. 마음의 불편함을 털어놓고, 공감을 받고, 다시 생각해보면서 마음이 편해졌다. 그러고 나서 영준이는 '공부를 어떻게 하면 잘할 수 있을까?' 하는 데 관심을 갖게 되었다. 드디어 공부에 신경을 쓸 수 있게 된 것이다.

친구도 없고 공부도 안 된다고
학교를 그만두겠다니 속이 상해요
학교를 그만두고 싶을 정도로 괴롭다는 거 부모님은 모르시잖아요

승연이가 학교를 그만두겠다고 했을 때 승연이 엄마 아빠는 마른하늘에 날벼락을 맞는 기분이었다. 아이는 아주 단호한 목소리로 자퇴를 선언했다. 지금의 교육 현실에서 학생이 학교를 그만두겠다고 하는 것은 부부가 이혼을 하는 것보다 더 어려운 결정일 수 있다. 승연이가 그저 내뱉는 말이 아니라 이미 오랫동안 고민한 끝에 내린 결론임을 짐작할 수 있기에 부모는 아이를 강제로 학교에 돌려보낼 수 없었다.

이런 상태가 되면 대부분의 부모는 무력감을 느끼게 된다. 아이의 단호한 의지를 힘으로 꺾을 수도 없는 문제고, 사탕발림으로 달랜다고 해서 쉽게 해결될 문제 또한 아니기 때문이다.

부모와 함께 상담실에 온 승연이는 "한참 생각한 끝에 내린 결론이에요!"라고 담담하게 얘기했다. 그동안 승연이는 엄마 아빠에게 힘들다고 여러 차례 얘기했었다. "다른 아이들이 공부하는 수준을 따라갈 수가 없어요", "아이들이 나를 싫어하는 것 같아서 친해지기가 어려워요", "공부에 집중이 안 돼요" 등등. 하지만 그럴 때마다 부모는 "그래도 견뎌야지 어쩌니?" 하고 무심하게 대꾸했다. 항상 승연이한테만 참고 견디라고 했고, 성적이 떨어지면 냉정하게 "어쩌자고 그러니, 제발 정신 좀 차려!"라고 말했다. 그저 부모는 성적이 떨어진 결과만 못마땅했던 것이다.

승연이의 기억에 부모님은 항상 그랬다. 무엇 때문에 힘들어하는지 들으려 하지도 않고, 승연이의 아픔을 이해하려고도 하지 않았다. 부모가 그처럼 냉정하고 무관심하니 승연이는 집에서도, 학교에서도 의지할 데가 없었다. 그 결과 승연이는 부모에게는 중요하지만 자신에겐 의미가 없는 학교를 그만두기로 한 것이다.

그러나 부모는 승연이에게 이런 고통이 있었는지 전혀 눈치 챌 수가 없었다. 아이의 말을 단지 가벼운 푸념으로만 들어왔기 때문이다. 누구나 다 힘든 시기라며 참고 버티라고만 했지, 아이의 상처에 관심을 갖지 못한 것이다.

사춘기 아이들은 부모로부터 독립하기를 원하면서도 동시에 이해받고 보호받기를 원한다. 승연이의 경우 여러 차례 표현을 했음에도 번번이 무시당하자 이해받고 싶은 욕구가 좌절되면서 외로움을 느끼게 되었다. 이렇게 관심을 받지 못하는 시간이 한두 해 쌓이면 아이의 마음속에는 해소되지 못한 욕구가 응어리로 남게

061

되어 돌이키기 힘들게 된다.

학교와 사회의 규칙을 지키는 것도 힘이 있어야 가능하다. 힘이 없는 상태에서 규칙을 지키려 하면 과도한 스트레스를 받게 된다. 스트레스가 심하면 학습 진도를 따라갈 수도 과제를 할 수도 없다. 그러다 보면 성적은 바닥이 되고, 결국 학교를 그만두게 된다. 이 경우 반항이 아니라 너무 힘들어서 포기하는 것이다. 이렇게 되면 부모도 아이의 마음을 되돌릴 수가 없다.

한참 얘기를 나누다 보니, 승연이의 진심은 학교를 그만두고 싶은 것이 아니라 엄마 아빠가 학교 생활을 잘 해나가도록 견뎌내는 힘을 주길 원하고 있었다. 사춘기 아이가 어려운 고비를 견뎌낼 수 있는 힘은 부모에게서 나온다. 따라서 부모는 자녀의 심정을 민감하게 알아차리고 반응해주어야 한다. 아이가 무엇 때문에 스트레스를 받는지 생각해보고 해소해주어야 한다. 이때 스트레스를 해소하는 방법은 아이가 원하는 방법이어야 한다. 아이는 집에서 휴식을 취하고 싶어 하는데 "어디 가서 놀다 오자"라는 식은 좋지 않다.

마음속에 쌓인 감정이 집중력을 갉아먹는다

사춘기는 미래를 준비하기 위한 학업의 짐을 지고 자신의 정체성을 찾아가는 시기다. 자신이 누구고 현실적으로 무엇을 어떻게 해나가야 하는지에 대해서 고민을 하지만 분명한 해답을 찾기는 어렵다. 이렇게 불분명하고 불완전한 사춘기 과정이기에 든든한 부모의 상담자 역할과 도움이 필요하다.

　아이는 아주 어릴 때부터 세상을 살아가는 규칙과 논리를 배우지만 실질적으로 살아가는 힘을 얻기 시작하는 것은 사춘기부터다. 사춘기는 자신의 아픔을 스스로 보살피고 문제를 해결하는 힘을 키워가는 과정이기 때문이다. 그러나 아직은 과도기이므로 완전히 아픔을 다스리고 문제를 해결하는 것은 불가능하다.

　아직 불완전한 사춘기 아이가 혼자서 고통을 견디다 보면 여러 부작용이 나타나게 마련이다. 무엇보다 마음의 고통이 버거우므로 공부에 집중할 수 없다. 자꾸 다른 생각이 떠오르고, 해결 안 된 감정에 사로잡혀서 공부에 집중하는 힘을 빼앗기는 것이다. 그러므로

063

부모, 교사, 친구들과 문제를 공유하면서 생각의 폭을 넓히고 대안을 찾아가는 것이 가장 바람직하다.

앞의 사례에 나타난 아이들의 심리 상태를 고려해볼 때, 어릴 때부터 동생에게 치인 승미는 차별받는다는 느낌 때문에 부모에 대한 섭섭함과 억울함이 잘 해소되지 않았다. 그런 감정을 부모에게 제대로 표현하지 못했고, 부모가 알아서 도와주지도 않았으므로 혼자서 마음에 품고 생활할 수밖에 없었다. 마음먹고 공부를 할라치면 동생에 대한 얄미운 감정과 부모에 대한 분노가 자꾸 떠올라 방해를 받았다.

부모의 기대가 부담스럽고, 부모의 체벌과 비난 방식이 못마땅한 준수는 미움과 분노를 품고 있었다. 준수의 분노와 불안은 마음속에서만 회오리쳤을 뿐 부모에게 보여주진 못했다. 그런 상태에서 자기 스스로 잘 해내야 한다는 부담이 커지니 아무리 공부를 하려고 해도 자신이 없고 집중이 안 되었다. 책에 낙서나 하며 멍하니 창밖만 쳐다보는 시간이 길어질 뿐이었다.

친구들과의 관계에 대해 불안해하는 영준이는 공부를 잘해서 친구를 이겨보려고 하지만, 마음이 안정되지 않았다. 친구들의 장

난 섞인 거친 행동들이 영준이를 몹시 괴롭히기 때문이다. 그런 상
황을 자꾸 곱씹게 되면 공부가 우선이 아니라 그 문제 자체가 영준
이의 마음에 주 관심사가 되어버린다. 공부는 둘째로 밀려나게 되
는 것이다.

부모에게 자신이 힘든 얘기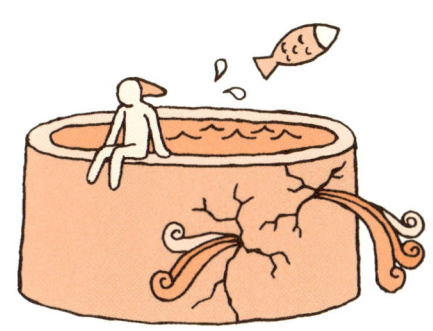
를 하면서 위로를 받고 싶은
데 번번이 거절당하는 승연
이는 무기력해졌다. 그렇다
고 의지할 친구도 제대로 사
귈 수가 없으니 더욱 외롭다. 승연
이의 마음 깊은 곳에는 외로움이 자리하고 있다. 이것을 몰라주는
부모에 대한 분노가 외로움과 비례하여 커지지만 '해서 뭐하나?'
하며 의욕이 떨어졌다. 무력감이 점점 더 커지고, 의욕이 떨어지
는데 성적이 오를 리 없다. 이처럼 마음에 고통을 품게 되면 현실
에 적응하기 힘들어지고, 사춘기 시기에 해야 할 일을 못 하게 된
다. 특히, 중요한 공부를 방해하는 괴물이 된다.
　　사춘기는 미래를 준비하기 위한 학업의 짐을 지고 자신의 정체

성을 찾아가는 시기다. 이 시기에 아이들은 자신이 누구고 현실적으로 무엇을 어떻게 해나가야 하는지에 대해서 고민을 하지만 분명한 해답을 찾기는 어렵다. 이렇게 사춘기 과정은 불분명하고 불완전하기에 든든한 부모의 상담자 역할과 도움이 필요하다. 적절히 도움을 받지 못하면 아이는 맨 먼저 공부라는 무거운 짐부터 내려놓게 된다.

아픔을 감추는 아이의 부모가 지켜야 할 원칙

민감한 부모가 되어 자녀의 마음을 읽자!

아픔을 감추고 사는 자녀를 돕기 위한 핵심은 부모가 먼저 마음을 편하게 가지고 씩씩해져야 한다는 것이다. 아이에게 감정적으로 영향을 받지 않아야 잘 도울 수 있다. 아이의 감정에 영향을 받아 함께 불안해하거나, 아이를 감정적으로 비난하기 시작하면 아이는 결코 고통에서 벗어날 수 없다.

　　부모가 아픔을 감추고 사는 자녀에게 도움을 주려면, 아이가 품고 있는 힘든 감정과 부정적인 생각, 즉 마음속에 쌓인 응어리들에 관심을 가져야 한다. 겉으로 드러난 증상, 현상적인 문제에만 매달리면 안 된다. 그것은 빙산의 일각일 뿐이므로 문제를 해결하기 위해서는 그 빙산의 아래에 있는 핵심 감정에 관심을 기울여야 한다.

　　내 아이를 괴롭히는 부정적인 감정과 생각은 아이의 성격, 부

067

모와의 관계, 교우 관계 등 다양한 데에서 비롯된다. 부모 입장에서 전혀 눈치를 못 채기도 하고 때로는 수긍하기 어려운 경우도 있지만 부모는 자식의 영원한 조력자로서 좌절된 욕구와 바람이 무엇인지 함께 확인하고 성취할 수 있도록 이끌어야 한다.

이때 아이의 고백을 성급하게 판단·평가하고 해결책을 제시하지 않도록 해야 한다. 부모가 성급한 반응을 보이면 아이는 마음의 문을 더욱 굳게 닫아버릴 수 있다. 그러므로 아이의 말을 그저 들어주고 고통을 함께 느끼고 나누어야 한다. 아이가 안심을 해야 감정, 생각, 기대, 욕구 등을 그대로 개방하고 공유할 수 있게 되는 것이다.

아픔을 감추고 사는 자녀를 도우려면 부모가 먼저 마음을 편하게 가지고 씩씩해져야 한다. 아이에게 감정적으로 영향을 받지 않아야 잘 도울 수 있기 때문이다. 아이의 감정에 영향을 받아 함께 불안해하거나, 아이를 감정적으로 비난하기 시작하면 아이는 결코 고통에서 벗어날 수 없다. 마음의 아픔 때문에 공부에 집중하지 못하는 사춘기 자녀를 도우려면 다음과 같은 과정이 필요하다.

엄마가 나서면 사춘기에도 성적이 오른다!

첫째, 아픔을 감추고 사는 아이들이 공부에 다시 집중하게 하려면 부모의 민감성·감수성이 필요하다. 이것은 아이의 감추어진 아픔을 정확하게 알아차리고 받아들이는 것이다.

아픔을 감추고 살았던 승미, 준수, 영준, 승연이는 꽤 오랜 시간 겉으로 문제를 드러내지 않았다. 눈에 띄는 문제 행동이 없었기에 부모들은 아이의 심적 고통이 얼마나 큰지 알아차리지 못했다. 그러던 아이가 갑자기 성적이 떨어지고, 학교 가기 두렵다고 하고 심지어 그만두겠다고까지 하니 놀랄 수밖에 없었다.

아픔을 감추고 사는 사춘기 아이들은 여간해서 힘든 것을 말로 표현하지 않는다. 부모의 뜻을 어기지도 않고, 시키는 것은 힘이 들어도 따르려고 한다.

부모가 민감성을 발휘하여 잘 관찰해보면 아이들은 비언어적인 단서들로 자신의 상태를 알려준다. 얼굴에서 웃음이 사라지고 걱정 어린 표정이 되기도 한다. 가끔 웃지만 재미없어 보인다. 눈꼬리가 축 처져서 눈을 마주치기 힘들고, 입술도 처져서 거꾸로 'U' 자를 만든다. 상상을 하면 부모 자신의 얼굴에서도 감지할 수 있는 모습들이다. 예를 들면, 배우자와의 관계에서 서로 소통하지 못하고 혼자 불편한 감정을 안고 있을 때 거울에 비친 자신의 얼굴을 상상하면 된다. 마음 상태는 표정에 고스란히 드러나지 않던가.

행동적인 면으로도 나타난다. 아픔을 감추고 사는 사춘기 자녀들은 부모가 명령을 하면 저항하지 않는다. 자기 표현이 서투르기 때문에 불편해도 그냥 감수하고 만다. 그러나 부모들은 명령에 저항하지 않고 따르면 '철들었다'고 반가워하고 좋아한다. 아이의 얼굴을 보면 반드시 철들어서 좋아진 현상만은 아니라는 것을 알 수 있음에도 말이다.

둘째, 사춘기 자녀가 마음의 아픔을 감추고, 혼자 삭이는 것을 알아차린 부모는 스스로 자신을 칭찬해도 좋다. 그런 민감성과 감수성을 가진 부모는 많지 않기 때문이다. 아이보다 자신의 목표대로만 성취하려는 이기적인 부모가 많은 게 현실이다.

아이가 마음속에 아픔을 숨기고 있다는 것을 발견하면 먼저 마음을 평온하게 가져야 한다. 아이가 지닌 문제를 확대하는 것이 아니라 아이를 온전하게 바라보는 것이 중요하다. 아이의 현재 상태에서 장단점을 있는 그대로 보는 것이다.

마음의 아픔을 감추는 아이들은 자기 자신을 드러내고 주장하기보다 타인을 배려하는 경향이 더 많다. 자신의 생각보다 부모의 생각을 더 중시하며, 자신을 희생하려는 행동을 더 많이 한다. 아이는 그것이 부모와 자녀 관계를 더 안전하게 유지하는 방법이라고 생각하는지도 모른다.

만약 부모가 적절하게 보살피고 지도하고 있다면 자녀의 이러한 태도는 나쁘지 않다. 그러나 부모가 지나치게 목표 지향적, 완벽주의적, 성취 지향적이라면 문제가 생긴다. 부모가 너무 강한 힘으로 아이를 통제할 경우 아이가 자신의 감정과 생각을 표현하기 어려워지기 때문이다.

이러한 관계가 지속되면 의존적인 관계가 되기 쉽고, 주객이 전도되는 경향이 생기게 된다. 쉽게 말하면 문제 해결이 부모를 위한 방향으로 이뤄지는 것이다. 학교 공부의 경우 자신의 미래를 위해서, 자신의 문제 해결 능력을 향상시키기 위해서 공부를 하는 것이 아니라 부모가 원하니까, 부모를 화나지 않게 하려고 하게 되는 것이다. 이렇게 되면 공부가 재미있을 리 없다. 성적이 올라도 그 기쁨을 부모가 빼앗아가버리고, 성적이 떨어져도 그 실망을 부모가 먼저 느끼고 화를 내므로 아이에게 공부는 별 의미가 없게 된다. 뿐만 아니라 공부 자체가 스트레스의 원인이 되므로 쉽게 지치게 된다.

아이를 공부의 주인으로 되돌리려면 자녀의 장단점을 잘 살펴보아야 한다. 부모의 뜻을 배려하고 희생하는 것을 고맙게 여기되 아이가 자신의 생각과 감정을 충분히 표현할 수 있도록 북돋워주어야 한다. 공부의 주인은 부모가 아니라 아이 자신이 되어야 하고, 공부의 성공이나 실패에 대한 감정도 아이가 주인이 되어 느끼게 해야 한다. 성공과 실패에 대한 경험이 온전히 자신의 몫이 될 때 아이는 공부할 의욕을 갖게 되기 때문이다.

셋째, 아이의 고통스러운 마음을 알아차렸다면 있는 그대로 표현하게 하고 이를 공유하는 것이 중요하다. 아이의 문제를 한 번의 대화로 해결하려고 하고, 다시 예전처럼 공부만을 잘하길 바라는 성급한 생각을 버려야 한다. 아주 오랜 시간이 걸리더라도 인내심을 가지고 자녀의 마음을 보살펴야 한다.

아이들이 불편한 감정에서 벗어나 편안해진 징표들이 보이지 않으면 마음을 들여다보기 위해 시간과 정성을 더 쏟아야 한다. 감

엄마가 나서면 사춘기에도 성적이 오른다!

정을 경청하고 공감하고 반영해주어야 한다.

경청하고 공감하고 반영하는 것은 저절로 되지 않는다. 배우고 연습해야 하는 일이다. 연습을 하다 보면 감정을 경청하고 공감한다는 것이 왜 중요한지 더욱 실감할 수 있다.

부모가 자녀의 감정을 경청하고 공감하고 반영하면 아이는 '아하, 엄마가 내 말을 경청하고 마음을 이해해주시는구나!' 라고 생각하면서 위로를 받고 감정적으로 편안해질 수 있다.

그런 반응이 어떤 것인지 부모 스스로 상상하고 연구하고 생각해보길 바란다. 부모 자신의 성장 과정을 떠올리며 '누가 나의 마음을 따뜻하게 헤아려주었지?' 하고 자문자답해도 좋다. 그때 떠오르는 얼굴이 있다면 따뜻한 보살핌을 느끼게 했던 그분의 언어, 비언어적인 반응을 회상해보자.

우리가 성장 과정에서 만났던 따뜻하고 이해심 많은 그들은 "그랬구나, 그랬었구나, 네가 그럴 수도 있었겠구나" 하는 반응을 많이 보여주었다. 그리고 태도나 표정 역시 다정다감해서, 어린 나를 따스한 눈으로 보면서, 어깨를 나에게 돌리고, 얼굴엔 자상한 미소를 지어주셨다. 그런 것들이 경청과 반영과 공감의 반응이다. 그들의 공통점은 내가 말하는 것을 가치 있게 봐주고, 쉽게 평가하

073

고 판단·분석하기를 자제했다는 것이다. 어쩌면 내가 생각하는 것이 어리석고 답답하게 느껴졌을 텐데도 그것을 지적하지 않고 그저 들어주면서 "그랬구나!"를 연발했다. 그러면서 내 감정을 읽어주었다. "네가 그때 참 섭섭했었구나!" 하면서 말이다.

넷째, 부모가 자녀의 감춰진 아픔에 대해 관심을 가지고 보살펴주면 아이를 지도하는 데 리더십을 발휘할 수 있다. 사춘기를 성인기로 가는 과도기이고, 사회적 역할을 위한 준비 과정이라고 보면 부모의 지도력은 더욱 절실하다. 리더십을 갖춘 부모는 사춘기 자녀가 자기 스스로 문제를 해결해나갈 수 있게 돕는 능력을 가진 사람이라고 말할 수 있다. 어떤 부모는 부모의 리더십을 잘못 이해해서 사춘기 자녀가 스스로 주인이 되어야 하는데, 부모가 자녀의 주인 자리를 차지해서 통제하려고 한다. 사람은 누구나 스스로가 주인이다. 더욱이 사춘기는 이것을 절감하고 실현하려는 시기다. 아이가 자신의 주인이 되어 잘 관리해나가도록 도와줄 때 리더십 있는 부모가 되는 것이다.

부모가 리더십을 발휘하면 사춘기 자녀는 스스로 공부의 시기와 방법, 내용과 분량을 관리하는 능력을 갖게 된다.

사춘기 자녀의 성적을 올리기 위해
지켜야 할 것 vs 버려야 할 것

말로만 아이를 판단 · 평가하지 말고, 표정을 살피자.

말로 표현하지 않는다고 불만이 없는 건 아니다. 내향적인 성향의 아이들은 불만이 있어도 마음에 담아두는 일이 많다. 이런 아이들의 마음을 읽으려면 비언어적인 단서, 즉 얼굴 표정이나 몸짓, 눈빛, 말투, 억양 등을 관찰해야 한다.

부모 눈치 보지 않고 자유롭게 자신의 마음을 표현하게 해주자.

부모에게 혼나기 싫어서 공부하고, 부모를 기쁘게 하려고 성적을 올리는 아이는 자기 인생의 주인공이라 할 수 없다. 이런 아이에게 공부란 부모를 위한 것일 뿐 자기 일이 아니므로 언제라도 하기 싫어질 수 있다. 아이가 진정 공부의 주인이 되게 하려면 부모 눈치 보지 않고 다양한 감정과 생각을 표현하도록 도와야 한다. 그리고 자기가 하고 싶은 것을 스스로 선택하게 해야 한다.

아이에게 해결책을 제시하지 말고, 경청하고 반영하고 공감하자

아이가 힘든 일을 겪고 있을 때 섣불리 해결책을 제시하면, 지시나 명령으로 받아들이게 되어 거부감을 가질 수 있다. 충분히 마음을 털어놓게 하려면 '엄마는 내 편이구나' 하는 생각을 심어주어야 한다. 그러기 위해서는 귀 기울여 듣고(경청), 아이의 마음을 읽어주고(반영), 아이 입장에서 심정을 이해해 주는 것(공감)이 좋다.

리더십 있는 부모가 되자.

부모의 리더십은 독단적으로 아이를 좌지우지하는 것이 아니라, 아이 스스로 문제를 해결하고 길을 찾을 수 있게 도와주는 것이다. 리더십 있는 부모가 되기 위해 가장 먼저 필요한 것은 아이에 대한 관심과 애정이다.

3

공부는 뒷전인 채
반항하는 아이

반항하는 아이들의 특징

반항이란 마음 속에 쌓인 분노를 말로 표현하지 않고 행동으로 표출하는 것을 말한다. 다음은 반항하는 아이들이 자신의 욕구 불만을 감정, 생각, 행동으로 어떻게 드러내는지 관찰해보기 위한 테스트다. 해당되는 항목이 많을수록 반항의 정도가 크다고 볼 수 있다.

□ 부모에게 이유 없이 화를 내는 일이 많다

□ 다른 사람의 말에 쉽게 기분이 상하고 짜증을 낸다

□ 자신의 실수나 나쁜 행동을 남의 탓으로 돌리거나 부정한다

□ 불만이 생기면 상대에게 복수해야 한다고 생각한다

□ 사소한 일에도 불만을 표현하고 짜증을 내서 상대를 불편하게 한다

□ 지나치게 요구가 많고 좌절을 느끼면 욕설 등 폭력적인 행동을 한다

□ 화가 나면 약속이나 규칙을 어긴다

□ 규칙을 지키기보다 부당성에 항변하며 절대 복종하지 않고, 그 때문에 처벌을 받곤 한다

□ 학교에 지각을 자주 하고 귀가 시간이 늦어서 부모를 불안하게 한다

□ 자기보다 힘이 없고 약한 사람을 괴롭히고 화풀이를 한다

□ 어른에 대항하고 말다툼을 자주 한다

□ 어른의 요구나 규칙에 따르는 것을 적극적으로 거부하고 거절한다

□ 화가 나면 참지 못하고 욕설과 폭력을 행사한다

□ 공부에 무관심하고 자기 하고 싶은 대로만 행동하려고 한다

'반항'은 사춘기를 표현하는 가장 대표적인 단어 중 하나다. 반항은 아이가 사춘기의 조짐을 보일 때 부모로서 가장 염려하는 부분이기도 하다. 아이들은 사춘기가 되면 누구나 반항을 하는 것일까?

사춘기라고 해서 누구나 심한 반항을 하는 것은 아니다. 사춘기 스트레스로 인한 행동의 변화는 아이의 성격에 따라 다르게 나타난다. 내향적인 아이가 마음속에 스트레스를 차곡차곡 쌓아 화병 상태로 가는 반면, 외향적인 아이는 바로 반항으로 나타내는 경우가 많다. 또는 가정 안에서 부모의 권위에 대항하지 못하는 경우 집 밖에서 잘못을 저지르기도 한다.

반항하는 아이들은 마음의 아픔, 마음의 응어리에 대한 징표를 밖으로 드러내 보인다. 그 주된 감정은 분노로, 이는 욕구가 좌절되었을 때 나타나는 반응이다. 사람은 누구나 이런 분노의 감정을 경험하고 산다. 뭔가 하고 싶고, 갖고 싶고, 얻고 싶은 것을 이루지 못했을 때 생기는 마음이라고 해도 좋다.

부모 자신도 성장 과정을 돌이켜보면 다양한 소망이 있었을 것이다. 아동기 때를 떠올려보면 관심과 사랑을 받고 싶은 소망이 좌절되어 울었던 사람도 있고, 형제간의 차별이나 부모에게 인정받지 못함으로써 반항했다는 사람도 있다. 사춘기 때는 친구들과 잘 지내고 싶었는데 따돌림을 당해서 섭섭했다거나, 공부 등 경쟁에서 져서 억울해했던 일도 있었을 것이다. 그러한 소망과 욕구는 어른이 되어도 계속 생긴다. 이성이나 배우자에게서 사랑과 관심을 받고 싶은데 채워지지 않으니 분노하는 사람도 있고, 시부모 등 가족에게 인정받고 싶은데 알아주지 않아서 섭섭해하는 사람도 있다. 자녀 교육에 대한 성취 동기가 좌절되어 실망스럽고 화가 난다고 호소하는 사람도 적지 않다.

이렇게 욕구가 생성되고 사라지는 과정은 사람이 생생하게 살아가고 있다는 증거고, 좀 더 넓게 보면 과학과 문명, 사회를 발전시키는 동력이 된다. 그래서 욕구를 충족하기 위해서 노력하고, 충족이 되면 기뻐하고 즐거워한다. 반면 욕구가 좌절되면 짜증내고 분노한다. 그리고 불안해한다.

부모와 자녀 관계의 욕구 갈등은 자칫하면 감정적으로 변하기 쉽고, 비난과 화풀이의 악순환이 된다. 또한 이러한 관계 속에서 자녀는 자신의 욕구가 좌절되는 것에 대한 분노를 감출 수가 없게 된다. 부모에게 대항하고 부모가 원하는 것과 반대되는 행동을 함으로써 부모의 분노를 자극한다. 이러한 화풀이 과정이 오래되면 아이들이 정서적으로 불안정해지고 공부에 집중하려는 동기를 잃게 되는 것이다.

너무 화가 나서
공부 따위는 하기 싫다고요

"애가 학교에서 돈을 훔치다가 걸리는 바람에 학교에 불려갔었어요. 도대체 뭐가 잘못된 걸까요?"

"아들이 학교에서 문제아로 찍혔어요. 집에선 얌전한데 밖에서는 공격적이라니 왜 그럴까요?"

"엄마한테 반항이 너무 심해요. 엄마 말 잘 듣고 착했던 우리 아들이 왜 이렇게 변한 걸까요?"

"툭하면 욕하고 가출하고, 엄마 말도 먹히지 않으니 어쩌면 좋을까요?"

애가 학교에서 돈을 훔치다 걸렸어요
제게 관심 좀 주세요!

용미는 갑자기 부모 손에 이끌려 상담소로 왔다. 뭔가 잘못을 저지른 아이를 데려올 때 늘 그렇듯 용미 부모는 잔뜩 화가 나 있었고, 아이의 얼굴에 불만이 있으면서도 끌려올 수밖에 없는 비굴함이 엿보였다. 아마 아이도 스스로 무엇을 잘못했는지 알기 때문일 것이다.

용미 부모는 아이가 학교에서 자꾸 문제를 일으키더니 급기야 친구의 돈을 훔치다 걸렸다고 호소했다. 아이에게 무슨 문제가 있는지 생각해보기 전에 창피함이 앞섰고, 아이를 바르게 잘 키우지 못한 자책감으로 답답해 했다.

친구의 돈에 손을 대는 아이를 혼내고 충고해야 함이 마땅한데, 사춘기 소녀 용미에게는 그것만으로는 이해가 가지 않는 부분이 있었다. 부모가 주는 용돈도 부족하지 않았고, 부모가 아이를 위해서 하는 노력도 적지 않았던 것이다. 그럼에도 아이가 지속적으로 이런 행동을 한다면 아이의 심리적인 이유에 관심을 가져야 한다.

자세히 얘기를 나눠 보니, 용미는 분노와 불만의 감정으로 똘똘 뭉쳐 있었다. 불만의 핵심 내용은 "제게 관심을 주세요!"였다.

"부모님이 나에게 관심을 주는 것은 단지 부모님의 뜻을 이루기 위해서죠. 저에게 정말 필요한 것에는 절대로 관심이 없어요. 제가 무엇을 좋아하고 언제 힘들어하는지도 모르고, 얘기를 들으려고도 하지 않으세요. 중간고사를 보면서, 정말 힘든 상황에서 그 성적을 유지했는데, 성적이 더 높게 나오지 않는다고 충고를 길게 늘어놓으셨죠. 제가 얼마나 외롭고 허전한지 아시나요?"

용미는 부모에게 힘든 부분을 얘기했지만 통하지 않으니까 학교에서 규칙을 어겼다고 했다. 돈을 훔치다가 걸림으로써 부모에게 큰 타격을 주려고 했던 것이다. 용미의 의도대로 부모는 학교에 불려갔고, 죄책감을 느끼고 자극을 받았다.

이 경우, 부모와 아이의 코드가 안 맞았다고 할 수 있다. 아이는 상담자를 원했으나 부모는 아이가 안고 있는 부담이나 좌절 등을 알아주지 않고 이래라저래라 하기만 했다. 아이의 마음에 이러한 작은 소망이 있다는 것을 알지 못하고, 돈을 훔치는 행동 자체에 대해서 무작정 처벌하고 충고만 했다면 큰일 날 뻔했다. 그 문제 행동의 근원이 무시되고 무관심한 채 끝난다면 아이의 행동은 분명히 재발될 테니 말이다.

용미가 심적으로 어떤 고민을 하는지 알게 된 후 부모의 태도는 당연히 달라질 수밖에 없었다. 용미가 부모에게 원하는 것은 상담자 역할이었다. 자기가 무엇을 원하고 좋아하는지에 대한 세심한 관심, 학교 생활의 힘든 점을 이해해주는 것, 학업에 대한 부담을 알아주고 다독여주는 것이다. 즉, 용미는 부모에게 물질적인 것이 아니라 제대로 의사소통하기를 원하고 있었다.

의사소통의 수준이 낮으면 아이의 얘기를 들었을 때 그저 충고하고 지적하면서 문제를 해결해주려고 나서게 된다. 의사소통의 수준을 높이려면 힘들어하는 아이의 심정을 읽어주고 알아주고 다독여주어야 한다. 특히 용미는 학교 생활을 잘 하려고 노력하고 있다는 것과 자기에게도 시험을 잘 보고 싶은 간절한 소망이 있다는 것을 알아주고 지지해주기를 바랐다. 부모가 의사소통 수준을 높이자 용미는 곧 밝아졌다.

아들이 학교에서 문제아로 찍혔어요
밖에서라도 풀지 않으면 못 견딜 것 같단 말이에요

승철이는 학교에서 문제 행동을 일으켜 상담을 받으라는 처분을 받았다. 부모는 창피함과 억울함으로 괴로워하며 아이를 데리고 상담실을 찾았다. 승철이는 선생님의 꾸중이 부당하다고 생각하고 자존심이 상한 나머지 지나친 행동으로 반항을 했다고 한다. 자기가 받은 상처만큼 선생님의 자존심을 상하게 한 것이다. 참다가 화가 나서 그렇게 할 수밖에 없었다는 것이다.

문제 행동을 하는 아이들이 대부분 그렇듯 승철이 역시 오랜

083

시간에 걸쳐 분노가 쌓여왔다. 아이는 사춘기가 되면서 부모와의 갈등이 유달리 잦았다. 자기 뜻대로 뭔가 시도하려고 하면 부모가 하나같이 반대하고 비난하면서 가로막았다. 승철이도 나름대로 생각이 있는데 무시하고 가로막으니 화가 났다. 하지만 한 번도 대항하거나 분노를 표출하지 못했다. 아버지가 너무 무서워서 부당하다고 항의할 수 없었다. 엄마도 그 사실을 알지만, 남편이 무섭기 때문에 그저 뜻을 거스르지 않고 사는 것이 상책이었다.

집 안에서는 아무 표현을 안 하는 대신 승철이는 밖에서 화를 표출했다. 조금이라도 자존심을 건드리거나 부당하다고 생각하면 거세게 화를 냈고, 그로 인해 어떤 일이 생길지 겁내지 않았다. 욕구불만이 커지면서 부모가 기대하는 공부엔 점점 관심이 없어지고 대수롭지 않게 여기게 되었다. 승철이가 공부를 자포자기한 것은 무엇 때문이었을까? 욕구가 좌절된 데 대한 분노를 가족 관계 안에서 해소하지 못한 데서 그 이유를 찾을 수 있다.

학교에서의 공격적인 행동은 언제라도 자극만 있으면 재발될 가능성이 많았다. 부모는 승철이와 대화를 하지 않을 수 없었지만, 아이가 아버지를 무섭게 느끼는 순간 대화는 지속될 수 없었다. 승철이에게는 대화와 타협을 하는 친밀하고 편한 아버지가 필요했다. 이에 대해서는 승철이 엄마 역시 공감했다. 아버지 중심의 엄격한 가정 분위기를 유지하느라 엄마가 많은 불안과 고충을 겪고 있다는 것을 알 수 있었다.

거칠게 대응하는 승철이를 위해서 가족이 달라져야 했다. 가족의 상호 작용이 유연해질 필요가 있었다. 승철이 가족은 서로 느끼는 불편함에 관해 이야기를 나누었다. 아버지는 아버지 나름대로 책임의식 때문에 답답했고, 엄마도 힘들었고, 아이도 힘들었다는 점을 서로 이해했다. 그런 다음 일차적으로 부모가 서로 부담을 나누며 아이를 훈육하는 방식을 통일했다. 예를 들어 엄마가 혼내놓고 아버지한테 일러서 또 혼나게 하는, 즉 이중으로 혼내는 건 안된다. 이렇게 하고 나니 엄마의 부담이 줄어들었다. 승철이의 요구에 귀 기울이고 규칙을 만들었다.

부모가 친근하고 편안한 모습으로 다가서자 아이는 자기 생각이나 감정을

3장 | 공부는 뒷전인 채 반항하는 아이

말로 표현하고 요구하기 시작했다. 대화 과정에서 관찰해본 결과, 승철이는 무조건적인 자율을 원하고 지나치게 요구하는 부분이 많았다. 그 부분에서 부모는 비난과 질책 대신 아이의 입장과 심정을 존중했다. 그리고 불가능한 것은 분명히 제한을 했다. 즉, 부모가 "네 심정은 이해한다. 네가 그것을 얼마나 하고 싶은지 알겠다, 그러나 그 요구는 들어줄 수 없다" 또는 "네 심정은 이해한다, 그러나 그 규칙은 지켜주길 바란다"는 의사소통을 한 것이다.

모순적으로 보일 수도 있겠지만 사춘기의 자녀들과 얘기할 때 아이가 바라는 심정은 이해하지만 현실적으로 불가능한 것이 있다는 점을 알려주고 양해를 구하는 일이 중요하기 때문이다. 그리고 이전의 모습으로 돌아가지 않기 위해 가족 모두가 반드시 지켜야 할 규칙을 정하고 행동을 조절하기로 했다. 예를 들어 화가 난다고 욕설이 섞인 말대꾸를 하지 않기, 때리지 않기, 규칙을 지키기 어려울 때에는 사전에 전화해서 상의하고 양해를 구하기 등 가족이 지켜야 할 규칙을 정했다. 이 과정에서 부모는 승철이의 의사를 존중하고, 승철이는 부모의 권위를 존중하는 관계가 되었다.

엄마한테 반항이 너무 심해서 통제가 안 돼요
아버지가 부담스러워요. 전엔 관심도 없었으면서 지금 왜 이러시죠?

엄마를 향한 재훈이의 반항은 갈수록 정도가 심해졌다. 재훈이 엄마는 이제 더 이상 아이를 지도하기 힘들다며 상담소를 찾았다. 남편과 주말부부 생활을 한 지 오래돼서 교육 문제는 전적으로 엄마의 책임이었다. 엄마는 나름대로 열심히 생활하고 아이를 지도했다. 바르게 키우려는 엄마의 의도를 알았는지 초등학교 시절에는 잘 따르곤 했다. 그런데 중학교에 들어가서 갈등이 시작되었다.

아이는 생각하고 행동하는 것이 전과 달랐다. 친구 관계도 넓어지고, 자기주장도 거침없이 했다. 부모가 아이의 행동을 통제해야 한다고 믿는 재훈이 엄마는 아이가 중학생이 되면서 불안해졌다. 아이의 행동을 통제하는 것이 엄마의 책임이기에, 책임감 높은 이 엄마는 되도록이면 통제하고 잔소리를 했다. 그래서 아이가 마지못해서라도 엄마의 말을 듣고 따르도록 했다.

그런데 학년이 높아지면서 이젠 엄마에게 대항하고 따지는 데 위협을 느끼는 지경이 되었다. 큰 소리치고, 따지고, 가족의 규칙을 거침없이 어겼다. 늦게 귀가하는 일이 잦았고 심지어 외박을 하는 경우까지 생겼다. 위기를 느낀 엄마는 남편에게 아이 때문에 힘

087

들다고 호소했다. 이후 아버지는 일주일에 한 번씩 집에 올 때마다 엄마 대신 아들을 혼내주는 역할을 맡게 되었다. 아버지의 개입으로 아이의 행동은 통제가 되는 듯했지만, 오래가지 않아 다시 원상태로 돌아갔다. 물론 아이의 분노와 반항적인 행동은 더 심해졌다. 재훈의 얘기를 들어보자.

"엄마는 내가 엄마 뜻대로 움직여야 하는 로봇인 줄 아세요? 내가 하는 행동을 한 번이라도 믿어주고, 기다려준 적이 있었나요? 항상 이러지 마라, 저러지 마라, 잔소리뿐이죠. 아버지가 오시면 똑같은 잔소리와 훈계, 큰 소리……. 지겹고 부담스러워요. 진짜로 저에겐 관심도 없으시면서 왜 그러시나요?"

아이가 느끼는 분노의 핵심은 부모가 자신이 컸다는 사실을 인정하지 못하고 항상 어린아이 다루듯 한다는 것이다. 부모의 이 같은 행동은 불안에서 비롯된다. 아이 스스로 생각하고 판단해서 하는 행동이, 부모에게는 늘 어린애가 하는 것처럼 유치하고 답답하게만 보였기에 통제가 이어졌다. 그리고 그렇게 지나치게 구속하고 통제하는 부모에게 아이는 화가 났다. 인정해주지 않고 잔소리만 하는 부모에게 대항하는 길은 부모의 뜻을 거스르고 내 뜻대로 하는 것이었다. 일종의 화풀이라고 할 수 있다. 재훈이처럼 부모 자식 사이의 위계를 깨뜨리고 가족의 규칙을 어기는 행동을 반복한다면 가족 관계뿐 아니라 학교 생활에도 문제가 생긴다.

우선 노력할 것은 부모가 느끼는 위기감과 불안을 다스리고, 아이와 다시 대화를 시작하는 일이었다. 자녀가 사춘기에 들어서면 그 부모도 심경의 변화가 생길 수 있는데 이런 마음을 잘 다스려야 편안하게 아이의 상담자와 조력자 역할을 할 수 있기 때문이다.

부모 문제가 해결되고 나면 이제 아이와 대화를 시도할 차례다. 부모가 대화를 시도할 때 그 대상은 '어린 재훈'이가 아니라 '사춘기 자녀 재훈이'가 되어야 한다. 부모에게는 아들이 부족하게 보이겠지만 더 이상 어린애가 아니니까 충고와 지적으로 가득 찬 대화를 하거나 해결사 노릇을 하지 않도록 하는 것이 좋다. 서로 존중하는 대화가 되어야 사춘기 소년 재훈이와 의논하고 협동하는 것이 가능하기 때문이다.

될 수 있으면 의자에 깊숙이 앉아서 아이의 이야기를 들어야 한다. 이는 우선 급하게 평가 · 분석하고 충고하려는 부모의 다급함을 조절하기 위한 것이다. 그러면서 "네가 힘들었구나"(이해),

"네가 뭘 원하는 것 같구나, 우리가 어떻게 하면 너를 도와줄 수 있을까"(의논) 하고 말을 건넨다. 이처럼 의논하고 협조하는 대화가 존중하는 대화며, 이런 대화를 할 수 있을 때 부모의 리더십이 빛을 발한다.

가족의 규칙을 정할 때도 아이의 의견을 들어보고 반영하도록 한다. 규칙을 통해 아이를 적절히 통제하되 아이의 자율성을 충분히 보장해주는 것이다. "저녁 7시까지 들어오는 게 좋겠어. 일찍 들어오기 힘든 날은 조금 늦을 수도 있겠지만 집에서 걱정하니까 꼭 전화를 해주면 좋겠다." 이렇게 하면 부모의 위계를 존중하면서 가족 규칙을 따르는 것이 부담스럽지 않다. 그 뒤 재훈이는 부모의 위계를 존중하고 가족 규칙을 따랐다. 그러고 나니 공부가 눈에 들어왔다.

사소한 일에도 화를 내고 공격적인 행동을 해요
부당한 일만 보면 참았던 감정이 폭발해요

제민이 엄마는 제민이가 학교에서 사소한 행동에도 쉽게 자존심을 다치고, 그때마다 거칠게 대항을 한다고 걱정했다. 아이가 학

엄마가 나서면 사춘기에도 성적이 오른다!

교에서 문제를 일으키니 부모로서 당황하지 않을 수 없었다. 집에서는 그런 적이 없는 아이인데 학교에서 그런 행동을 한다는 것이 믿어지지 않기도 했다.

그러나 아이의 입장은 달랐다. 언제나 공정함을 강조하는 부모에게 부당함을 느끼면서도 제민이는 감히 대항할 수 없었던 것이다. 조그만 실수도 용납하지 않는 부모의 엄격한 태도에 제민이는 굴복할 수밖에 없었다. 언제나 객관적으로 말씀하시는 엄마와 바른 말만 하시는 아빠 앞에서 무슨 잘못을 하게 되면 항상 제민이의 패배로 끝났다. 제민이가 잘못을 저지르는 데에도 어쨌든 이유가 있었을 터인데 부모는 그 이유를 전혀 귀담아 듣거나 존중하지 않았다. 잘못했다는 이유로 항상 무시당하니 제민이는 늘 부당하다고 생각했다.

어릴 때는 그런 느낌조차 의식하지 못하고 무조건 복종을 했지만 사춘기가 되자 부당하다는 생각이 들고 화가 나기 시작했다. 그러나 집에서는 전혀 내색하지 않았다.

제민이의 분노는 학교에서 폭발했다. 학교에서 만나는 만만한 아이들과 부당하게 강요하는 선생님에게 공격적인 행동을 한 것이다. 조금이라도 부당한 느낌이 들면 몸이 확 뜨거워지면서 자기를 제어하지 못하고 공격적인 행동을 하게 되었다. 그 순간만큼은 몸 어디선가 힘이 솟아나는 것 같았다. 아마 그전에 부모에게 억눌린 분노가 가세한 듯했다.

　제민이가 분노를 해소하고 그 에너지를 생산적으로 활용하기까지는 오랜 치유 과정이 필요했다. 왜냐하면 그동안 부모와 자녀 관계에서 억울함을 표현하고 공정하게 타협하고 협상하는 것을 해보지 못했고, 대신 자신에게 중요한 공부와 학교 생활에 자포자기하는 심정이 되어 노력을 기울이지 않았기 때문이다. 이런 경우 많은 아이들이 자포자기해서 공부도 안 하고 기분 내키는 대로 담배 피고 술 마시고 홧김에 비행도 저지르게 된다. 에너지가 자기 파괴적으로 쓰이는 것이다.

　제민이 역시 결과적으로 성적은 너무 떨어졌고, 학교 생활을 하면서 떨어진 성적 때문에 속으로 자존심이 상할 때가 한두 번이 아니었다.

　상담 과정에서 제민이 부모는 아이와의 관계를 전체적으로 보고 이해하게 되었으며, 단절된 것을 회복하기 위해 노력했다. 이는 사실 말처럼 쉬운 일은 아니다. 부모가 노력을 기울이지 않으면 실패할 수 있다.

가출하고 욕도 하고 이제는 엄마 말도 안 먹혀요
내 말은 듣지도 않고 명령만 하니 짜증나요

순미 엄마는 아이가 이렇게 되기까지 아무것도 몰랐다는 사실이 너무 충격적이었다. 어느 날 학교에서 연락이 왔을 때는 그냥 학교를 하루 안 갔나보다 하면서 아이를 혼내고 끝냈다. 그런데 그 이후 2~3일씩 가출하면서 남학생들과 함께 있었다는 사실에 엄마는 충격이 이만저만 아니었다.

순미 엄마는 아이를 잘 키우려고 나름대로 온갖 정성을 다 쏟았는데, 이렇게 된 게 너무 황당하고 허탈하고 화가 난다고 했다. 무엇이 이렇게 엄마를 좌절하게 만들었는지 착잡했다. 하지만 아이를 만나 이야기를 나누는 동안, 엄마의 정성이 너무 일방적이었다는 사실을 알게 되었다. 물질적인 면이든 취미든 진로든 열심히 뒷바라지를 했지만 한결같이 엄마가 원하는 방식으로만 했던 것이다. 순미 입장에서 볼 때 불만이었지만 차마 대항할 수 없어서 순종했다. 그러나 마음속에는 외로움이 쌓여갔다.

"엄마는 내가 무엇이 힘든지 알지 못하면서 무조건 잘해야 한다고 엄마 뜻대로만 키우려고 해요. 무조건이에요, 무조건. 전 그렇게 명령만 하는 엄마에게 화가 나고 짜증이 나요."

평계 없는 무덤 없다고 순미가 친구들과 어울리고 가출까지 하는 데도 이유가 있었다. 친구들과 같이 있으면 마음이 편하고 따뜻하다고 한다. 친구들은 자기 얘기를 들어주고 엄마처럼 강요하지 않는다고 했다. 위로도 해준다. 특히, 남자 친구의 위로는 큰 힘이 된다고 했다. 삭막한 집에서의 생활과는 천지 차이였던 것이다. 순미는 집에서 얻지 못하는 따뜻함과 자유로움을 친구들에게서 찾았기 때문에 집에 들어가고 싶지 않았다. 학교의 통제와 삭막함 또한 매력이 없었다.

순미와 부모는 의사소통이 힘들었다. 순미는 원하는 것을 해주지 않는다며 부모에게 짜증과 비난의 화살을 쏟아 부었고, 부모는 해줄 거 다 해주고 키워왔는데 뭐가 부족하냐는 식으로 비난했다. 이들 사이에서 가장 큰 문제는 부모가 순미에게 권위를 잃었다는 점이다. 엄마는 성취 지향적인 사람이었다. 그러다 보니 순미를 정서적으로 보살피는 것보다 물질적으로 뒷바라지하는 데 더 비중을 두었다. 그 결과 순미는 정에 굶주린 아이가 되어갔고, 친구 관계에서 따뜻함을 느끼자 친구들에게 가버렸다.

사춘기 아이가 가정에서 부족한 정서를 친구들에게서 느끼면 부모는 아이를 친구들에게 빼앗기고 권위도 잃게 된다. 순미 앞에서 부모는 무력했다. 순미는 상담실에 와서도 강하게 저항했다. 묻는 말에 건성으로 대답하고, 자기 얘기는 꺼내려고 하지 않았으며, 약속도 지키지 않았다. 순미에게 의미 있는 것은 오로지 친구들뿐이었다. 특히 순미처럼 정에 굶주린 아이들은 남자 친구의 관심과 신체적 접촉에 급속도로 빠져든다. 결국 사춘기 과정, 과도기 과정, 준비 과정을 거치지 않고 너무 빨리 성인 세계로 나아가버렸다. 그 과정을 잘 견디고 지탱해나가도록 돕는 지지자도 없었고, 스스로 중요함을 인식하지도 못했기 때문이다.

이런 경우 부모의 분노와 순미의 분노를 함께 풀어내는 것이 무엇보다 중요하다. 분노는 무조건 해로움만 주는 더러운 늪이 아니다. 잘 다독이면 감춰진 소망을 길어 올릴 수 있다. 순미가 원하는 것은 따뜻함이었다. 따뜻하게 돌봐주고, 마음을 읽어주고 공감해주는 것이었다. 서로의 소망을 헤아린 다음에는 해야 할 것, 가야 할 길을 안내해주는 사람이 필요했다. 순미 가족이 끊어진 관계를 회복하기 위해서는 이 소망들을 협조하면서 성취해가야 할 것이다.

분노를 언어로 표현하지 못하면 반항이 된다

아이가 분노를 언어적으로 표현하거나, 표정 등의 단서를 남기는데도 부모가 그것을 모르고 넘어가는 기간이 길어지면 아이들은 참다 못해 행동화하게 되는 경향이 있다. 욕구 좌절에 대한 분노가 크면 클수록 욕구를 성취하려는 갈망도 증가하기 때문이다.

사춘기 아이의 분노가 언어로 표현되지 않고 행동으로 나타나는 것은 위험하다. 말로 표현하면 좀 더 쉽게 해결될 문제도 행동으로 표출될 경우에는 훨씬 어려운 상황으로 몰고 갈 위험이 있다는 말이다. 앞에 소개한 사례처럼 아이들의 분노에는 이유가 있다. 그리고 그 분노에는 그들이 절실히 원하는 것, 소망이 담겨 있다.

부모는 자녀가 사춘기를 잘 넘기도록 돕기 위해서 이러한 분노의 이유를 민감하게 알아차리고 기술적으로 대응해야 한다.

만약 아이가 분노를 언어적으로 표현하거나, 표정 등의 단서를 남기는데도 부모가 그것을 모르고 넘어가는 기간이 길어지면 아이들은 참다 못해 행동화하게 되는 경향이 있다. 그것이 분노의 행동화라고 생각하면 된다.

분노가 행동으로 표출되면 부모는 몹시 화나고 당황하게 마련이다. 학교에서 폭력을 사용하고 물건을 훔치고 가출을 하는 따위의 비행을 일으키는 데 놀라지 않을 부모는 없다. 하지만 이렇게 밖으로 표출해서라도 문제가 해결되면 다행이다. 그러지 않고 상처가 곪아 사춘기 자녀와 가족의 관계가 파괴되면 더 큰일이다.

사례에서 아이들과 마음을 나누는 과정을 통해서 부모와 자녀는 서로 편안함을 느끼게 되었다. 부모가 사춘기 자녀의 분노에 관심을 갖고 민감하게 이해하고 반응하는 과정을 보이자 아이들은 변화되었고, 가족들도 함께 달라졌다.

용미는 부모에게 관심받고 싶은 욕구가 좌절된 후 학교에서 더 큰 문제 행동을 일으키게 되었지만, 결국은 부모의 관심을 받게 되었다.

집에서 조용하고 얌전했던 승철이는 결국 엄마로 하여금 아이의 근본 문제를 생각하게 만들고 아버지를 변화시켰다. 그렇게 문

097

3장 | 공부는 뒷전인 채 반항하는 아이

제화되지 않았다면 아버지는 여전히 무서운 대상으로 남아 있었을 것이다.

부모의 지나친 통제에 대항했던 재훈이는 부모의 지나친 관여를 제한시켰다. 그리고 부모는 좀 더 자상하게 아이를 대하게 되었다.

제민이는 자신의 부당함에 대한 분노를 정당하게 말로 이야기할 수 있게 되었다. 봇물 터지듯 자신의 분노와 불안을 이야기하는 아이가 아름답게 보였다. 이런 과정이 미리 있었다면 아이가 일찍부터 보호되었을 것이다.

순미는 아무리 얘기해도 엄마는 모를 것이라고 체념했다. 대항해서 얘기를 하고 문제를 풀어보려는 시도를 아예 포기했다. 부모에게 절망감을 안겨준 아이였다. 아마도 그전에 순미가 느꼈던 절망감이 몹시 컸을 것이다.

사춘기 아이는 문제에 직면해 스스로 해결해나가는 능력을 키우는 과정에서 다양한 감정을 경험한다. 성취감에 기뻐하기도 하고, 욕구 좌절에 분노하기도 한다. 욕구가 충천하는 사춘기에 자연스럽게 갖게 되는 정서 경험이다. 사춘기 자녀들의 정서 경험이 부모와 자녀 관계, 또래 관계, 교사와의 관계에서 자연스럽게 소통되면 더욱더 정서적으로 풍요로운 사춘기를 보내고, 건설적으로 활용될 수 있다.

사춘기를 힘겹게 보내는 자녀와 소통하려면 아이의 분노에 숨겨진 다양한 욕구를 똑바로 바라보아야 한다. 불분명했던 욕구, 소망을 분명하게 발견하면 그것을 성취하기 위해서 노력하게 된다. 반면, 자신이 무엇을 원하는가를 분명히 알지 못하면 앞으로 나아가려는 동기도 약할 수밖에 없다.

이해와 관심과 사랑을 받고 싶은 욕구, 인정받고 싶은 욕구, 공부를 잘해서 성취감을 느끼고 싶은 열망, 친구들과 사이좋게 잘 지내고 싶은 열망 등 다양한 내면의 욕구를 발견하면 생산적으로 문제를 해결해나가는 데 큰 도움이 된다.

안정된 리더십으로 자녀의 분노를 컨트롤하자!

아이가 부모와 대화하기를 원하는 징표를 보이면 적극적으로 대화에 나서야 한다. 그렇다고 아이들이 모든 것을 다 이야기하리라고 기대하면 실망할 것이다. 간단히 한마디를 나누더라도 아이가 필요로 할 때 나눌 수 있다면 그것이 힘이 되는 진짜 대화다. 더불어 아이는 부모의 민감성에 매력을 느낄 것이다.

아직 어리게 보이지만 아이에게는 의사를 표현하고 협상하는 능력이 있다. 이것을 효과적으로 이끌어내는 것이 부모의 역할이다. 사춘기 자녀가 분노를 말로 표현하게 돕고, 협상하도록 이끌려면 어떻게 해야 할까?

첫째, 아이들과 끊임없이 얘기하고 아이의 감정을 나누려는 민감성을 키우는 것이 필요하다. 하지만 사춘기 자녀들과 얘기할 기회를 갖는 것은 쉽지 않다. 아이들은 부모의 울타리 밖에서도 얘기할 대상이 늘어났고, 우선 자신 안에서 고민하려고 한다. 부모가 해결해주기보다 자기 스스로 해결하는 모습을 지켜봐주기를 더 원한다. 그렇다고 '아이가 부모에게 의지하고 도움받으려는 시기는 이제 끝났다'라고 생각하면 큰 오해다.

사춘기 자녀들은 아직 불완전한 상태에서 불안을 경험한다. 그래서 부모의 적절한 도움이 필요할 때가 반드시 있게 마련이다. 따라서 아무 때나 끼어들어 아이들에게 꼬치꼬치 캐묻는 귀찮은 대상이 되지 말고 관심을 갖고 지켜보는 부모가 되어야 한다. 느긋하게 지켜보고 기다려주는 것만으로도 아이에게 큰 힘이 되기 때문이다.

그러다가 아이가 부모와 대화하기를 원하는 징표를 보이면 적극적으로 대화에 나서야 한다. 그렇다고 아이들이 모든 것을 다 이야기하리라고 기대하면 실망할 것이다. 간단히 한마디를 나누더라도 아이가 필요로 할 때 나눌 수 있다면 그것이 힘이 되는 진짜 대화다. 더불어 아이는 부모의 민감성에 매력을 느낄 것이다.

둘째, 사춘기 자녀들이 불편한 감정이나 분노를 표현할 때, 서둘러 설득하려고 하거나 휘말리지 않아야 한다. 부모가 제일 힘들어할 때는 자녀가 부모에게 불만을 표현할 때다. 자녀에게 모든 열정을 쏟아 붓는 부모의 노력을 몰라주는 것 같아서 서운하고, 의도를 인정해주지 않는 것 같아서 억울하다. 그래서 아이가 불만을 털어놓으면 변명하고 설득하려고 진땀을 빼다가 결국 아이의 감정에 휘말려서 화를 내게 된다.

안타까운 일은 부모가 이런 반응을 보이면 아이가 어렵게 얘기를 꺼냈다가도 체념하게 된다는 것이다. '해봤자 또 싸울 게 뻔하다, 해봤자 또 혼나고 만다, 이해받지 못 한다' 는 부정적 경험을 하게 되는 것이다.

부모도 인간이기 때문에 실패할 수 있다. 어쩌다 갑자기 이야기를 꺼내는 아이의 말투, 표정, 거친 소리 등이 위협적으로 느껴지고, 자존심이 상할 수도 있다. 결핍감이 큰 부모의 경우 권위가 흔들리는 느낌이 들면 위협감을 느낀 나머지 아이를 눌러버리게 된다.

아이들도 좀 예의를 갖추고 불만과 분노를 표현하고 싶은데, 그동안 꾹꾹 눌러온 것을 한 번에 풀어놓으려니 폭발하는 것처럼 되어버리기 쉽다는 것을 이해할 필요가 있다. 공손하게 말하려고 하는데 표정은 일그러지고, 말투는 거칠어지곤 한다. 그래놓고 아이들 스스로도 속으로 몹시 놀라는 것이다.

셋째, 사춘기 아이의 부모는 아이뿐 아니라 부모 자신도 미성숙하고 불완전한 측면이 있음을 인정해야 한다. 부모와 자녀 관계에서 화내고 비난하고 혼내는 일을 반복하면 서로 상처가 되고, 거듭 분노를 유발한다. 결국은 부모 자녀 간의 의사소통이 막히고 분노가 억압되어 반항이나 비행으로 악화되기까지 한다.

부모가 자녀의 분노에 휘둘리지 않기 위해서는, 이러한 미성숙함을 인정하고 강해져야 한다. 그러기 위해서는 분노의 원천을 이해하는 것이 필요하다. 분노는 욕구, 소망, 열망의 그림자다. 욕구, 소망, 열망이 좌절될 때 분노가 되는 것이다. 어둠 속에 있는 분노의 감정을 잘 살피면 어떤 욕구에서 비롯된 그림자인지 알 수 있다. 아이가 갖고 있는 분노의 또 다른 얼굴을 발견하는 것이 부모의 리더십임을 명심하자.

넷째, 아이의 분노를 알게 되면 "네가 그래서 그랬구나!"라는

103

말을 건네면 좋다. 아이의 분노를 따지고 분석하고 평가하는 것은 뒤에 해도 된다. 우선 아이의 분노와 친숙해지고 친절하게 대응해주는 것이 필요하다. "네가 그래서 그랬구나!"를 의식적으로 쓰다 보면 분석하고 평가할 때보다 마음도 편하고, 아이에게 자상하고 따뜻한 부모의 이미지를 새겨줄 수 있다.

경청과 반영과 공감의 기술에는 연습이 필요하다. 아이의 말을 경청하고 공감하며, 생활에 반영하면 아이는 부드러워지고 순해진다. 왜냐하면 부모가 자신의 거친 감정을 감싸 안아주고 부드럽게 어루만져주었기 때문이다. 사춘기 자녀의 분노를 다루기 위해

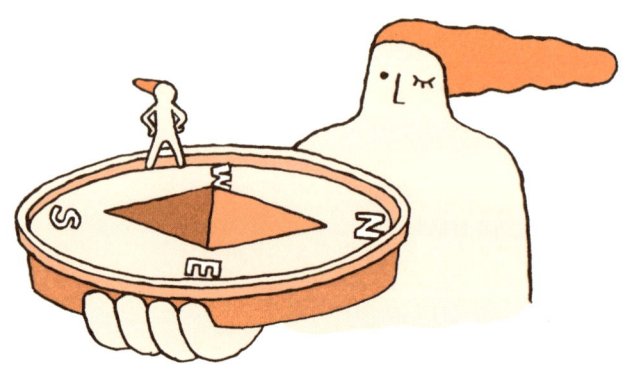

엄마가 나서면 사춘기에도 성적이 오른다!

서는 따지고 분석하기보다 이렇게 있는 그대로 봐주고 읽어주는 것이 훨씬 효과적이다.

다섯째, 사춘기 자녀의 분노를 다스릴 때에는 부모가 리더십을 가지고 대응해야 한다. 아직 불완전한 사춘기 자녀가 분노를 풀고 자신의 소망을 잘 실현시키도록 돕기 위해는 부모의 안정된 리더십이 필요하다.

화를 많이 내고, 화풀이 상태에 있는 아이들은 아직 자신의 분노가 어디에서 오는지 판단하기 어렵고, 자신의 감정을 소중히 여길 줄 모른다. 그저 부모를 원망하고 배척하는 것에만 에너지를 쏟을 것이다. 그 결과 진정으로 아이에게 소중한 학교생활이나 학습이 배척당하고 무시당해서 성적과 생활이 엉망이 되기도 한다. 사춘기 자녀가 하지 못할, 해서는 안 될 행동까지 하면서 스스로 제한하고 통제하지 못하는 일까지 생긴다.

그러므로 사춘기 자녀의 분노를 잘 다루기 위해서는 부모의 안정된 리더십이 절대적으로 필요하다. 안정된 리더십이란 자녀의 분노를 따뜻하고 친밀하게 보살펴서 어루만져주고, 아이의 소망을 분명히 찾아서 성취하도록 도와주는 것이다. 소망을 즉각 채워주는 것이 아니라 소망을 스스로 성취하도록 안내하는 것이다. 이를 위해서는 부모의 고민과 지혜가 필요하다.

여섯째, 분노의 원천을 찾으면 아이의 장단점을 있는 그대로 바라보고 이를 잘 활용할 수 있도록 안내해야 한다.

분노를 표출하는 아이는 감추고 사는 아이와 다르게 자기주장과 독립의 의지가 높은 것이 장점이다. 부당하거나 억울하다고 느끼는 것에 대해 체념하지 않고 개선하려는 의지가 그 안에 담겨 있는 것이다. 반면, 대인 관계를 풀어가는 과정에서는 부족한 점이 많다. 자기중심적인 사고로 상대를 배려하지 않거나, 일과 감정을 분리하지 못하는 경향을 볼 수 있다. 부모는 아이의 이러한 장점을 강화하는 한편 단점은 개선하도록 지도해야 한다.

사춘기 자녀의 성적을 올리기 위해
지켜야 할 것 vs 버려야 할 것

충고하거나 지적하지 말고 이해하고 격려하자.
아이가 맘에 안 드는 행동을 할 때 충고하거나 지적하지 말고 들어주자. 아이는 부모에게 상담을 하고 싶은데, 지적을 당하면 마음의 문을 닫아버리게 된다. 아이와 대화를 계속하고 싶다면 이야기를 들어주는 것에 익숙해져야 한다.

분노를 행동으로 표현하지 말고 언어로 표현하게 하자.
분노가 언어로 표현되지 못하고 행동으로 분출되면 반항이 된다. 분노를 언어로 표현하게 하기 위해서는 아이의 분노를 친숙하게 받아들이고 느긋하게 귀를 기울이는 것이 좋다. 그래야 아이가 무엇을 원하는지 알고 도와줄 수 있다.

자율과 통제를 적절히 하자.
사춘기는 아동에서 성인으로 성장하는 과도기이므로 판단력이 부족할 수 있다. 따라서 때로는 어느 정도 통제가 필요하다. 그런데 통제가 일방적으로 이루어지면 반발할 수 있으므로 아이와 충분히 의논하여 결정하는 것이 좋다.

분노의 감정에 휘둘리지 말고 다스리자.
아이와의 관계에서 화가 난다고 감정을 쏟아내면 서로에게 상처가 된다. 따라서 분노 감정에 휘둘리지 않도록 부모 자신을 다스릴 필요가 있다. 이를 위해서는 분노의 원인을 찾아내야 한다. 대개 분노는 욕구 좌절에서 비롯되는 것이므로 좌절된 욕구를 찾아보면 문제 해결의 실마리를 발견할 수 있다.

아이와 싸우지 말고 협상하자
사춘기는 부모와 자녀의 욕구가 부딪혀 갈등이 일어나기 쉬운 시기다. 이때 감정적으로 부딪히지 않으려면 서로의 욕구를 존중하며 협상할 필요가 있다. 갈등을 협상으로 해결하는 것은 아이에게 아주 유용한 경험이 된다.

107

4

친구와 이성 교제에
목숨 거는 아이

친구 관계 점검하기

사춘기 아이들에게는 부모만큼 친구도 중요하다. 부모로부터 도움을 받으면서 자연스럽게 독립하는 과정도 중요하고 친구들과 친밀한 인간관계를 통해 생각과 경험을 확장하는 성장 과정도 중요하다. 다음의 문항들을 보면 사춘기 자녀의 친구 관계 집중도를 알아볼 수 있다. 해당 항목이 많을수록 학교, 가정, 친구 간의 균형이 잘 맞춰지지 않고 있다고 볼 수 있다.

☐ 부모를 무서워해서 자기 표현하는 것이 힘들다

☐ 하고 싶은 것을 할 때 부모와 협상하는 것이 어렵다

☐ 의사 표현을 하면 부모에게 무시당하고 비난받는다

☐ 어른들과 의논하고 도움을 받기보다 친구를 더 찾게 된다

☐ 부모에겐 침묵하고 친구들과 주로 대화를 나눈다

☐ 친구들을 잃을까 봐 걱정돼서 공부에 집중할 수가 없다

☐ 친구들이 나를 싫어할 것이라는 생각 때문에 불안하다

☐ 친구들과 같이 놀기 위해 용돈을 모은다

☐ 친구들이 좋아하는 것은 무엇이든 하려고 한다

☐ 친구들과 정신없이 노느라고 늦게 귀가하는 일이 잦다

☐ 공부엔 관심이 없고 친구들과 지내는 시간이 더 즐겁다

☐ 친구들에게 놀림을 당하면 충격이 너무 커서 학교 가기가 싫다

☐ 엄마가 뭐라고 해도 친구들과 노는 것이 무척 재미있다

☐ 내가 힘들 때 친구들의 위로가 제일 중요했다

아이는 두 돌이 지나면서부터 또래 친구에게 관심을 가지고, 세 돌이 지나면 어울려 놀기 시작한다. 이후 유아기와 아동기를 거치는 동안 아이는 친구를 만들고 함께 놀면서 성장하게 된다. 아이가 성장하는 데 친구는 무척 중요한 존재이기에 부모는 사교성 있는 아이로 자라주길 바란다. 특히 사교적인 아이가 행복감이 높을 뿐 아니라 성공한 인생을 살게 된다는 여러 연구 결과는 부모들로 하여금 아이의 친구 관계에 더욱 관심을 기울이게 만든다.

사춘기 아이의 친구 만들기 역시 마찬가지다. 사춘기 아이들은 아동기에 비해 보다 깊은 정서적 교감을 나누는 친구를 원하며 친구와 가깝게 지내려고 노력한다. 더구나 왕따와 같은 사회적 문제가 집중되는 시기이기에 사춘기의 친구 문제는 매우 중요한 부분이 아닐 수 없다.

사춘기 아이가 친구에게 관심을 기울이는 것은 아주 정상적인 현상이다. 나아가 이 시기의 아이들은 친구 관계를 부모 이상으로 중요하게 여기기도 한다. 아이들의 이런 모습은 부모에게 묘한 감정으로 다가오는 경우가 많다. 아이에게 친구가 있다는 것이 다행스러우면서도 한편으로 유치한 감정을 느낀다는 것이다.

아이들이 친구 관계에 몰두하고 있을 때, 부모들은 질투 · 불안 · 분노와 섭섭한 감정을 경험한다. '부모' 밖에 없다던 아이가 갑자기 친구

엄마가 나서면 사춘기에도 성적이 오른다!

에게 온갖 정성을 쏟고, 비밀 얘기를 나누고, 특히 이성 친구일 때에는 그 정성을 더 쏟는 것을 본다. 중요한 시기에 공부에는 관심이 없고 아예 뒷전이다. 해서는 안 될 행동들도 친구들과 어울려 다니면서 한다. 부모의 충고를 중요하게 생각하지 않고 대항한다. 그래서 아이들이 친구나 이성 친구에게 쏟는 정성을 부모가 편안하게 지켜보기는 어려운 것이 사실이다.

사춘기 아이들의 관계에는 부모, 선생님, 친구와의 관계 등이 있는데, 이들 관계는 서로 균형을 유지하는 것이 바람직하다. 그런데 이 균형이 깨질 경우 아이들은 한쪽에 집착하게 된다. 예를 들어 부모와의 관계나 선생님과의 관계에서 욕구를 충족하지 못한 아이들은 친구 관계에 급속도로 빠져들게 된다.

사춘기 자녀가 지나치게 친구와 이성 교제에 목숨을 거는 경우라면 그럴만한 이유가 숨어 있다고 보는 것이 바람직하다.

엄마보다친구가더좋다니, 기가막혀

"공부 잘하던 딸이 친구밖에 몰라요. 옷차림도 달라지고 집에도 늦게 들어와요."
"부모 말은 안 듣고 친구들과 노는 데만 정신이 팔려 있어요."
"하라는 공부는 안 하고 남자 친구를 만나고 다녀요. 그만 만나라고 해도 말을 안 들어요."
"아들이 친구가 하나도 없어요. 친구들과 어울리는 게 귀찮대요."

공부 잘하던 딸이 이젠 친구밖에 몰라요
내가 도움이 필요할 때 부모님은 안 계셨잖아요!

영미는 부모를 기쁘게 하는 아이였다. 공부도 잘했고, 리더십이 있어서 반장 역할도 훌륭히 해내곤 했다. 그런데 언제인지 모르게 달라졌다. 공부는 뒤로 미뤄둔 채 친구밖에 모르는 아이가 되었던 것이다. 이런 영미의 변화에 대해 부모는 화가 났다. 어렵게 돈 벌어 뒷바라지하는데, 중요한 시기에 공부는 뒷전으로 미루고 친

엄마가 나서면 사춘기에도 성적이 오른다!

구들과 어울려 노는 시간이 길어지고, 옷 모양새도 걱정스럽게 변하니 도무지 이해를 할 수가 없었다. 부모는 "네가 이럴 수 있느냐?"며 영미를 나무라고 공부에 집중하라고 신신당부했다.

하지만 영미의 친구에 대한 집착은 더욱 심해졌으면 심해졌지 약해지지 않았다. 그것은 친구를 통해 영미의 중요한 욕구가 충족되었기 때문이다. 영미는 "저에겐 부모보다 친구가 더 중요해요. 제가 도움이 필요할 때 부모님은 안 계셨잖아요!"라고 호소한다. 영미가 외롭고 힘들 때, 공부에 대해 부담스러울 때, 친구랑 갈등하면서 고민할 때, 부모는 아무런 도움을 주지 않았다는 것이다. 부모가 영미의 아픔은 아예 외면하면서 공부만 열심히 하라고 몰아댔을 때, 뛰쳐나가고 싶을 정도로 부모가 싫었다고 했다.

영미에게 심정적인 위로가 필요한 때가 언제였는지를 부모는 좀처럼 알 수가 없었다고 했다. 잘 지내고 있는 것처럼 보였으니까. 그러나 영미는 부모 대신 친구들과 아픔을 나누고 위로를 받았던 것이다. 그 중요한 친구들과 떨어져서는 견딜 수 없었다. 또한 친구들은 공부보다 놀기를 좋아하는데, 자기 혼자 모임에서 떨어져 공부나 하고 있을 수는 없었다. 오히려 같이 어울려 노는 것이

113

더 마음이 편했다. 이제 영미에게 부모의 위로와 지도는 신용을 잃은 것이다.

아이들이 친구에게 지나치게 몰입하면 관계에 신경 쓰느라 공부를 소홀히 하게 된다. 영미의 경우 가족 관계를 회복함으로써 균형을 맞출 필요가 있다. 감성적인 영미에게 의무를 강요하기보다 심정적으로 위로가 되는 감정소통이 늘어날 필요가 있다. 만일 가족 관계를 회복하지 않은 채 아이를 끌어당기려고만 하면 아이는 더욱더 밖으로 튕겨나가게 된다.

부모 말은 안 듣고 친구들과 노는 데만 정신이 팔려 있어요
내가 뭘 해도 부모님의 인정을 받기는 어려워요

우식이는 멋지고 얌전한 아이였다. 그런데 부모가 속상해 죽겠다고 하면서 상담실로 데리고 왔다. 말도 안 듣고 공부도 잘하지 못하고 약속을 하자고 하면 "예"라고 대답하지만 실제로 지켜지는 것은 없다. 답답한 부모는 혼내고 때리기도 하지만 통제가 안 된다고 했다.

보통 다른 아이들은 부모가 이런 호소를 하면 자기 나름대로 항변을 하는데, 우식이는 이에 대해 전혀 억울해하거나 대항하려고 하지 않았다. 그저 표정이 어두워질 뿐이었다. 이런 모습을 보고 모든 문제는 우식이에게 있고 아이 자신도 잘못을 알고 있다고 판단을 내려서는 안 된다. 오히려 우식이와 부모 사이에 갈등이 증폭되고 있다는 표시이기도 하다.

부모의 말에 따르면 초등학교 때는 말을 잘 들었는데 왜 저러는지 이해가 안 된다는 것이다. 우식이는 초등학생이 아니라 중학생이 되었으니 달라져도 많이 달라졌을 텐데 부모의 눈에는 안 보이는 듯했다.

부모의 입장에서는 이제 중학생까지 되었으니 부모가 하는 말을 더 잘 알아들어야 하고, 자기 일은 자기가 알아서 하는 것이 당연한데 더 반대로 하려고 하고 더 규칙을 무시하니 황당하고 분노할 따름이다. 그러니 더 통제할 수밖에 없다고 했다.

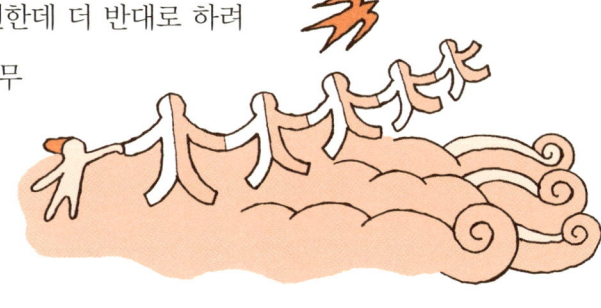

우식이는 우식이대로 자기 욕구를 통제할 수가 없었다. 친구들과 어울려 얘기하고 노는 것을 멈출 수는 없었다. 결국 부모 앞에서는 '예' 하고 대답하지만 안 지켜지는 것이 다반사다.

사춘기 시기의 여러 변화에 맞닥뜨리면 부모 입장에서 당황스럽기는 해도 자녀의 성장을 인정하고 받아들여야 한다. 아이가 변했음을 먼저 받아들인 상태에서 욕구 갈등을 해결한다면 그것이 아이에게 좋은 협상의 경험이 된다.

우식이와 부모가 서로 욕구를 존중하고 협상을 한 부분은 우선 귀가 시간의 조절이었다. 우식이의 귀가 시간은 초등학교 시절과 달라지지 않은 상태였는데, 그동안 조금 더 놀고 싶어도 부모가 불안해할까 봐 즉각 집으로 들어왔다는 것이었다. 이후 우식이의 귀가 시간은 중학생에 맞게 조절되었다. 부모는 우식이를 이해하고 양보했고, 우식이는 부모의 배려에 고마움을 표현하며 규칙을 잘 지켜보겠다고 했다. 이들은 사춘기 자녀를 둔 부모와 자녀의 갈등을 유연하게 대처하고 해결해낸 것이다.

하라는 공부는 안 하고 남자 친구를 만나고 다녀요

저는 아무 문제가 없는데 왜 그러세요!

선미는 남자 친구를 사귀고 있는데, 이것을 알게 된 부모는 너무 걱정이 되어서 상담실 문을 두드렸다.

"왜 벌써부터 남자 친구를 사귀니? 나중에 대학 가서 얼마든지 사귈 수도 있는데. 공부를 해야 할 중요한 시기에 남자 친구를 만나며 시간을 낭비하니 자꾸 성적이 떨어지잖아."

부모는 계속 이런 설득을 하며 아이를 바꾸려고 했다.

하지만 엄마가 아무리 같은 얘기를 반복하며 설득을 해도 선미에게는 와 닿지 않았고, 엄마 말씀대로 남자 친구와 헤어질 생각도 없었다. 선미는 "저는 아무 문제가 없거든요!"로 일관하며 대항했다. 오히려 얼굴을 마주칠 때마다 자기를 설득하려고 드는 엄마가 스트레스의 한 원인이었고, 그럴 때면 남자 친구를 만나서 위로받으며 스트레스를 해소했다. 실제로 잔소리하는 엄마보다 남자 친구가 스트레스를 푸는 데 훨씬 도움이 되었다. 선미는 엄마가 자기를 못 믿고 자신의 행동을 가볍게 치부하는 것이 화가 났다. 엄마의 간섭과 비난 섞인 잔소리가 너무 부담스러웠다. 더 세게 대항해서 차단하고 싶을 정도로 싫고 불쾌하다고 했다.

하지만 남자 친구는 강요하지도 않고 비난하지도 않았다. 남자 친구를 만나면 맘이 편해져서 공부하는 데 더 도움이 되는데, 엄마가 잔소리를 시작하면 그 마음이 달아난다고 했다.

부모가 사춘기 아이의 이성 교제를 말리는 이유는 무엇일까? 선미 엄마는 상담을 통해 남자 친구를 사귀는 선미의 행동을 보며 무슨 심정이 되는지 되돌아보았다. 그 결과 공부를 소홀히 하게 될까 염려하는 마음에서 관여하고 통제해왔다는 것을 알게 되었다. 부모가 관여와 통제를 지나치게 할 경우 아이가 가족 관계를 더욱 숨 막혀 하게 마련이다. 그럴수록 이성 교제에 더욱 빠져들 수 있다. 이를 깨닫게 된 선미 엄마는 딸의 이성 교제에 대해 긍정적으로 바라보기로 마음먹었다.

아들이 친구가 하나도 없어 걱정이에요
가만히 있어도 다 해주는 엄마가 있으니 친구는 필요 없어요!

상수는 친구 관계에 관심이 없다. 함께 놀고 고민을 털어놓고 관심사를 나눌 절친한 친구가 없는 것이다. 항상 학교에서도 외롭게 공부만 하고 집에 온다. 엄마는 이런 상수가 걱정이 되어서 매일 충고한다. 친구들과 잘 지내고, 어울리라고. 하지만 상수에게는 친구가 필요하지 않다. 오히려 친구들과의 관계에서 하나하나 대응해주는 것이 귀찮기만 하다. 학교에서는 공부만 하고 노는 것은 집에 와서 노는 것으로 충분했다.

상수에게 학교는 부담스럽고 힘든 공간이었다. 학교 생활을 잘하지 못하면 혼날까 봐 걱정이 되기도 했다. 그러나 집에서는 그런 부담이 없다. 엄마는 최대한 자기 비위를 맞춰주고, 해야 할 일을 미리 알려주고, 못하는 것이 있으면 자상하게 더 해야 하지 않느냐고 달래면서 얘기해준다.

더구나 자기는 아직 어리기 때문에 부모에게 도움을 받아야 하며, 친구에게 의지해 일찍 부모 곁에서 독립할 필요가 없다고 생각한다. 그러므로 비록 부모에게 불만이 생겨도 화내고 대항하기보다 보호받고 사는 것이 더 편하다고 말하기도 한다.

아이들이 사춘기가 되면 부모와 자녀 관계를 다시 정립해야 한다. 이 시기에 아이는 세상을 바라보는 시야를 넓히기 위해 부모로부터 심리적 독립을 시작해야 하고, 부모는 중년을 맞이하여 자기 자신의 삶, 부부 관계 등에 관심을 돌려봐야 한다. 이에 따라 부모와 자녀 관계도 자연스럽게 독립적인 관계가 만들어지면서 서서히 달라져야 하는 것이다.

상수의 경우 부모와 지나치게 밀착되어 있어서 친구를 비롯한 다른 관계에서 비중이 떨어진 경우다. 이러면 부모와 자녀 모두 서로 지나치게 의존하게 된다. 부모는 아이를 돌봐야 하는 책임에서 헤어나지 못하고, 아이는 부모의 보호 아래서 계속 있으려고 한다. 부모의 능력은 커지고 아이의 능력은 점점 축소되는 것이다. 부모는 아이가 스스로 잘 하길 바라지만 아이는 잘 못하는 것이 늘어나게 된다.

부모에게서 갈등을 느끼면 아이는 친구에게 가버린다

친구와 이성 교제에 지나치게 집착하는 경우, 부모는 혹시 아이가 무엇에 결핍감을 느끼고 갈등을 느끼는 것은 아닌지 관심을 가져줄 필요가 있다. 관심을 가져주면 버팀목 역할을 해주는 것이 어렵지 않다.

    사춘기 아이들이 친구, 이성 관계에 몰두하는 것은 중요한 일이다. 일차적으로 부모와 자녀 관계에서 자유로워지고, 또 다른 관계에 소속감과 동질감을 느끼면서 성장한다는 의미에서 매우 중요하다. 아이들은 친구 관계를 통해 자기를 지지해주는 이들을 얻고 다양한 경험을 공유하게 되는데 이것이 지지 체계의 확장이다. 부모, 친구 등 다양한 지지 체계는 환경에 적응하고 자아실현을 하는 과정에서 중요한 지지 자원이 된다. 이런 의미에서 사춘기 자녀가 또래 친구나 이성 친구와의 관계에 정성을 들이는 것을 긍정적으로 이해해야 한다.

그런데 친구와 이성 교제에 지나치게 집착하는 경우, 부모는 혹시 아이가 무엇에 결핍감을 느끼고 갈증을 느끼는 것은 아닌지 관심을 가져줄 필요가 있다.

영미는 외로움과 심리적 부담 등의 정서를 교류하는 데 친구 관계가 중요한 버팀목이 되었다. 영미의 표현에 따르면 가족 관계에서는 지지 체계가 빈약했다. 그저 독촉하는 부모만 있고, 든든한 지지 체계가 되어주는 부모는 없었다. 영미가 균형감을 찾고 공부에 몰입하도록 도와주기 위해서는 가족 관계에서도 이런 지지 체계가 만들어져야 한다.

우식이는 부모가 자신의 변화를 인정해주지 않고 무섭게 통제만 하는 것에 스트레스를 느꼈다. 대항할 자신도 없었다. 집에서는 움츠리고 있지만 친구들만 만나면 더없이 자유롭고 좋았다. 심리적으로 기댈 수 있고 긴장을 해소할 수 있는 우식이의 지지 체계는 친구들뿐이었다. 우식이는 가족 관계에서도 긴장이 해소되고 안정감을 느껴야 한다. 그래야 중고생 시기의 어려움을 이겨낼 수 있을 것이다.

선미는 중요한 지지 체계로 남자 친구가 그 역할을 해주는 것 같았다. 아이의 입장에서 부모는 이해해주지 않으면서 독촉만 하는 대상으로 자리했다. 선미의 부모는 버팀목 역할을 하면서 지도하는 것에 대해 생각해보아야 한다.

반대로 상수는 친구들과의 관계에서 동질감과 소속감을 느끼기 어려웠다. 엄마와의 관계가 계속 그 대리 역할을 하고 있었기 때문이다. 사춘기에 들어서면서 몸도 크고 학습도 스스로 할 수 있을 만큼 자랐는데도 과보호를 받고 있는 셈이다. 상수가 그 틀에서 벗어나려면 상수도 엄마도 단호한 변화가 필요하다. 왜냐하면 항상 엄마가 데리고 다니는 어린아이로 있을 수 없으니 말이다.

엄마의 과잉 보호에서 벗어나지 않으면 상수는 친구 관계의 필요성을 못 느끼고 사춘기를 보낸 후 커서는 외로운 성인이 될 것이다.

자녀의 경험을 들어주고 공감해주자

아이들이 친구 관계의 경험을 나누고자 할 때는 호기심을 가지고 편안하게 듣되 아이의 경험을 감정적으로 이해하고 공감하는 것이 좋다. 불안한 부모는 급하게 평가해서 문제를 지적하고 해결책을 충고하는데, 이는 전혀 도움이 되지 않는다.

아이들이 어릴 때에는 부모가 아무리 혼내고 무섭게 대해도 괜찮았다. 아직 부모에게 대항할 만한 힘이 없기 때문에 따르기 싫어도 복종할 수밖에 없었다. 그래서 초등학교 때까지는 마음 놓고 윽박지르거나 매를 드는 것도 가능했다. 하지만 자녀가 성장하면 부모는 슬슬 두려움을 갖게 된다.

'이 애가 커서도 내 말을 따를까?'

'컸다고 부모에게 등 돌리진 않을까?'

많은 부모가 사춘기에 접어든 아이들에게 밀리거나 휘둘리지 않기를 바란다. 그렇다면 '카리스마 넘치는 부모 역할'을 씩씩하게 할 수 있는 비결은 무엇일까?

먼저, 아이가 성장해도 부모의 자리는 영원하다는 사실을 명심해야 한다. 아이들이 성인이 되어 더 많은 것을 배우고 독립하여 사회의 일꾼이 되어도 마음속에는 부모의 자리가 영원히 함께하고 있다. 아이가 성장하면 부모의 자리가 없어지는 것이 아니라 그 자리를 기반으로 다른 관계를 더 늘리고 배워나가는 것이다. 하물며 친구들이 더 좋은 때에도 부모의 자리는 원래 그 자리에 있다. 크기는 달라질지언정 중심은 항상 같은 자리에 있는 것이다.

둘째, 자녀가 사춘기에 접어들면 부모의 마음은 불안해진다. 부모가 불안해하는 이유는 부모의 자리가 줄어드는 것에 대해 서운한 마음을 느끼기 때문이다. 어릴 때는 부모를 대단하게 생각하고 복종하던 아이가 사춘기가 되면서 친구들을 더 중요하게 생각하고 자기주장을 하며 부모가 원치 않는 행동을 하면 중심이 흔들리는 느낌, 주변으로 밀려나는 느낌, 더 이상 아이가 자신을 좋아하지 않는다는 느낌이 들면서 서운함과 불안을 느끼는 것이다. 부모는 이런 감정 변화를 자연스러운 것으로 인정하고 받아들이는 것이 좋다. 자신의 감정 변화를 알고 있다면 사춘기에 접어든 자녀를 대할 때에도 중심을 잃지 않을 것이다. 반대로 부모가 사춘기 자녀의 변화를 자연스러운 것으로 받아들이지 못하고 흔들린다면 감정적으로 대하고 변덕을 부리게 되므로 자녀를 제대로 지도하고 안내하기 어려워진다.

셋째, 친구 관계에 관심이 커진 자녀를 긍정적으로 바라보고 이 시점에서 부모가 줄 수 있는 도움이 무엇인지 생각해보는 것이 좋다. 아이들은 친구 관계에 관심이 커진 만큼 사회화 과정에서 다양한 인간관계를 경험한다. 친구들과 잘 지내기 위해서 어떻게 해야 하는지, 한 친구가 섭섭해하는데 이럴 땐 어떻게 문제를 해결해야 하는지, 친구들과 의견이 다른데 싸우지 않고 어떻게 해야 하는지 고민하게 된다. 또 소외감을 느낄 때나 열등감이 느껴질 때 어떻게 극복할 수 있는지 등을 고민하면서 해법을 찾아가게 된다. 이

엄마가 나서면 사춘기에도 성적이 오른다!

는 어른이 되기 위해 반드시 밟아야 하는 과정이다. 그러므로 부모는 아이가 이처럼 다양한 인간관계를 경험하는 과정을 여유 있게 지켜보는 것이 좋다. 부모가 간섭하지 않고 여유 있게 지켜보면 아이들은 자신의 고민을 나누고 도움받기 위해 부모에게 다가오게 된다. 물론 예외의 경우도 있어서 어떤 아이들은 부모와 나누지 않고 다양한 관찰을 통해서 학습하기도 한다.

넷째, 아이들이 친구 관계의 경험을 나누고자 할 때는 호기심을 가지고 편안하게 듣되 아이의 경험을 감정적으로 이해하고 공감하는 것이 좋다. 불안한 부모는 급하게 평가해서 문제를 지적하고 해결책을 충고하는데, 이는 전혀 도움이 되지 않는다.

친구 관계는 아이의 독특한 경험인 만큼 부모가 이미 다 알고 경험해본 입장을 내세워 섣불리 판단하는 것은 금물이다. 그보다는 호기심을 갖고 잘 들어보는 것이 좋다. 아이에게서 아픔이 느껴지면 보듬고 "섭섭했겠구나!", "받아들이기 힘들었겠구나!" 하고 말로 표현하도록 한다.

이런 반응을 해주면 아이는 부모가 자신을 든든하게 지지해준다는 느낌을 갖게 될 것이다.

다섯째, 친구 관계 등 다양한 대인 관계를 경험하면서 아이들은 새롭게 학습하고 자기 자신을 개선해나간다. 그 경험은 성인이 되어가는 과정에서 필수적으로 겪어야 하는 것이다. 갑자기 껑충 뛰어서 성인 세계에 들어간다고 생각하면 착각이다. 이때 아직 과도기 과정에 있는 아이들을 그저 심정만 이해해주는 것으로는 부족하다. 부모는 아이의 경험을 존중하고 심정을 알아주되 구체적으로 아이가 생각해보고 연습해야 할 부분을 지도하고 안내해줄 필요가 있다.

영미는 가족 관계에서의 불만을 얘기할 수 있도록 돕는 것이 필요하다. 선미는 친구 관계가 생긴 것을 존중해주고 자기 공부를 잘 병행하도록 안내하는 것이 좋다. 우식이는 개방적으로 자기 표현을 할 수 있게 도와주고 협상하는 기회를 만들어주면 좋다. 이를 위해서는 부모가 유연해지도록 노력해야 한다.

사춘기 자녀의 성적을 올리기 위해
지켜야 할 것 vs 버려야 할 것

아이에게 서운한 감정을 자연스럽게 받아들이자.

아이가 사춘기에 들어서면 부모보다 친구에게 더 관심을 갖게 된다. 이때 부모가 서운한 감정을 느끼는 것은 당연한 일이다. 그런데 서운한 감정에 휩싸여 아이를 감정적으로 대하면 아이와 갈등이 깊어질 수 있다. 반면, 이런 서운한 감정을 누구나 겪는, 자연스러운 것으로 받아들이면 감정에 휘둘리는 것을 막을 수 있다.

아이의 친구관계에 간섭하지 말고 도울 일은 없는지 찾아보자.

아이가 친구관계에 관심을 갖게 되면 그에 따라 고민도 많아진다. 이는 성장 과정에서 반드시 밟아야 하는 과정이므로 관심을 갖고 지켜보는 한편, 아이를 도울 수 있는 방법을 찾아보자. 부모가 간섭하지 않고 지켜보면 아이는 자신의 고민을 나누기 위해 부모에게 다가올 것이다.

해결사가 되려 하지 말고 버팀목이 되자.

부모가 해결사처럼 아이의 행동에 간섭하고 개입하면 아이는 부모에게서 도망치고 싶어진다. 아이에게 문제가 생겼을 때 부모에게 의논해오기를 바란다면 아이가 마음 놓고 기댈 수 있는 든든한 버팀목이 되어야 한다. 버팀목이 될 때 부모는 비로소 아이가 원하는 상담자 역할을 할 수 있게 된다.

5

집안 분위기 때문에
성적이 떨어지는 아이

우리 가족은 어떤 관계?

아무 문제나 고민 없이 행복하기만 한 가족은 없다. 더 중요한 것은 문제를 발견했을 때 어떤 방식으로 해결하는가 하는 점이다. 지금 우리 가족의 모습은 어떤지 아래 질문을 통해 돌아보자.

숨 막히는 가족 관계

☐ 가족 간의 경계가 불분명하여 서로 간섭을 많이 한다.

☐ 자녀의 성적이 떨어지면 분노, 불안을 크게 느끼고 비난한다

☐ 공부에 대해 필요 이상으로 간섭하고 통제하려고 한다

☐ 생활 습관에 대해 일일이 간섭하고 통제하려고 한다

☐ 아이의 요구를 거절하지 못한다

☐ 규칙이 애매해서 자녀의 행동을 제한하기가 힘들다

☐ 가족은 모든 문제에 관해서 서로가 지나치게 얽혀 있다

삭막한 가족 관계

☐ 가족 간의 경계가 경직되어 서로에 대해 잘 알지 못하고 무관심하다

☐ 서로 고립되어 있고 친밀감이 부족하다

☐ 정서적으로 서로 통하지 않고 의사 전달이 잘 되지 않는다

☐ 부모와 자녀가 함께 문제를 해결하거나 도움을 주고받지 못한다

☐ 아이가 부모를 존중하지 않고 함께 하는 것을 불편해한다

☐ 가족이 대화를 하려면 감정적이 되고 잘 싸우게 된다

☐ 가족보다는 친구나 외부의 사람들과 더 친하고 긴밀하다

부부 갈등이 있는 가족 관계

☐ 감정이 폭발하여 인신공격을 하며 자주 싸운다

☐ 부부 싸움이 자녀들에게 빈번하게 노출된다

☐ 부부가 오랫동안 침묵을 지키고 대화하기를 거부한다

☐ 부부가 집안일을 서로 돕고 친밀하게 지내기가 어렵다

☐ 부부가 자녀 문제에 무관심하고 의논하기를 거부한다

☐ 부부 갈등으로 힘들면 아이들에게 화풀이하게 된다

어린아이의 꿈은 우주 비행사, 대통령에서 농부까지 수시로 변한다. 현실감이 부족해서 말 그대로 꿈이다. 그러나 뭘 좀 알아가는 사춘기가 되면 대부분의 아이들은 현실의 세계로 들어선다. 자기가 펼칠 수 있는 꿈의 세계가 좀 더 선명해지고 그를 위해 무엇을 해야 하는지도 알게 되는 것이다. 그래서 이 시기의 학습은 매우 중요한 의미를 가진다.

그런데 대부분의 아이들에게 '공부'는 너무도 버거운 짐이다. 공부를 하려면 기분 내키는 대로 놀고 즐기고 싶은 충동을 조절하고, 차분히 앉아서 수행하듯 쓰고 외우기를 반복해야 하는데, 이런 것이 쉬울 리 없다. 사춘기 아이가 꾸준히 인내하면서 공부에 집중하는 것은 차라리 수행자의 고난이라고 해도 좋을 정도다.

132

수행자들이 수행을 할 때 가장 먼저 하는 일은 주변 환경을 정리하는 것이다. 일체의 걱정과 번뇌를 일으키는 환경에 매어 있으면 제대로 수행을 할 수 없기 때문이다. 마찬가지로 사춘기 아이도 공부를 하려면 주변 환경이 따라주어야 한다. 부모가 매일 다퉈서 시끄러운 소리가 그칠 날 없고 가족 간에 서로 스트레스를 준다면 아이는 결코 공부에 집중할 수가 없다.

　　가정의 분위기는 아이에게 문제가 생겼을 경우, 문제를 해결하는 데에도 영향을 미친다. 평소에 가족들이 서로 잘 통하고 상호 작용을 했다면 문제를 쉽게 해결할 수 있을 것이고, 반대로 반목하며 갈등하는 관계였다면 문제를 해결하기는커녕 더 심각해질 수도 있다. 문제 행동을 일으키는 사춘기 아이들 중에는 가족 관계에 문제가 있는 경우가 적지 않다. 가족 관계와 사춘기 문제 행동의 관계는 닭과 달걀의 관계와 비슷하다. 가족 관계가 원활하지 않아서 사춘기 자녀에게 문제 행동이 나타나기도 하고, 사춘기 자녀의 문제 행동 때문에 가족 관계가 더 악화되기도 하기 때문이다. 그러므로 일단 아이가 문제 행동을 보이면 부모는 문제가 더 심각해지기 전에 가족 관계를 돌아보아야 한다.

133

밖에 나가면 오히려 마음이 편하다고?

"아이가 스스로 하지 않으니 자꾸 잔소리를 하게 돼요."
"하라는 공부는 안 하고 멋 부리는 데에만 신경을 쓰니 야단을 칠 수밖에 없어요."
"매사에 의욕이 없고 학교도 가기 싫다며 게임만 하니 속상해요."
"아버지는 무서워하면서 엄마한테는 행패를 부리는 아들, 어쩌면 좋을까요?"

아이가 스스로 하지 않고 너무 무계획적이에요
너무 간섭하고 잔소리하니 숨이 막혀요

윤수는 고등학생이 되어서도 엄마에게 문제투성이의 어린아이로 남아 있다. 엄마는 잔소리와 간섭이 매우 심한 편이어서 윤수는 자기 뜻대로 할 수 있는 게 별로 없다. 엄마의 간섭은 초등학교 때부터 계속되었다. 집에 와서 좀 놀거나 쉬다가 숙제를 하려고 하면 엄마는 그새를 못 참고 조바심을 냈다. 스스로 공부를 하기도 전에 늘 잔소리를 듣다 보니 윤수는 한 번도 자기 뜻대로 놀거나 숙제를 한 적이 없다. 그러다 보니 모든 일이 즐겁지 않았다. 공부는 물론 노는 것조차 신이 나지 않으니 학교 성적이 좋을 리가 없었다. 학교 성적이 떨어지자 엄마는 "그것 봐라. 엄마 말 안 들으니 성적이 그 모양이지" 하고 윤수를 탓하며 기를 죽였다. 엄마의 계속되는 간섭과 잔소리에 윤수는 숨이 막힐 것 같다고 하소연했다.

수현이는 언제부턴가 엄마의 뜻과는 반대로 행동하는 아이가 되었다. 엄마의 간섭이 없으면 항상 딴 짓을 하고 있다. 게임을 하든지, 인형을 가지고 놀든지, 만화책을 보든지 엄마가 싫어하는 행동만 하게 된다. 그러면 엄마가 꼭 잔소리를 하며 할 일을 지시한다. "교육방송을 볼 시간이다." 그러면 수현이는 놀면서 보는 척한다. 엄마가 다시 "방송을 볼 때는 노트 정리도 하고, 집중해서 좀 봐라" 하면 그제야 노트 정리를 시작하지만 이내 또 딴전을 피운다. 엄마가 간섭하면 마지못해 공부하는 척하고 그나마 간섭이라도 하지 않으면 전혀 공부를 하지 않으니 성적이 좋을 리가 없다.

부모 손에 이끌려 상담소에 오는 사춘기 아이들 중에는 윤수나 수현이 같은 아이들이 많다. 대부분의 부모들은 자녀가 이런 행동을 하면 아이에게 문제가 있다고 생각한다. 그러나 이는 오해다. 사춘기 자녀의 문제 행동은 대부분 부모에게서 비롯되는 경우가 많기 때문이다. 특히 숨 막히는 가족 관계에 속한 아이들은 부모의 지나친 간섭으로 자발성을 잃는 경우가 많다. 숨 막히는 가족관계란 가족의 문제에 서로 깊게 관여하여 문제를 해결하려고 하는 가족을 말한다.

숨 막히는 가족 관계에 놓인 아이들은 부모에게 지나치게 의존하는 경향이 강하다. 이런 아이들의 자발성을 키워주기 위해서는 부모가 먼저 달라져야 한다. 즉, 아이가 부모로부터 독립하여 스스로 생각하고 판단해서 행동하고 책임질 수 있도록 안내해야 하는 것이다.

이를 위해서는 먼저 가족 구성원 사이에 경계선을 분명히 할 필요가 있다. 가족 구성원 사이에 경계선이 모호하면 서로 넘나들게 된다. 자꾸 간섭하고 끼어들게 되고, 아이가 스스로 할 수 있는 일까지 참견하고 해결해주려고 하게 된다.

자녀의 문제 행동에 부모가 지나치게 관여한다 싶으면 먼저 부모 자신에게 문제가 없는지 돌이켜볼 필요가 있다. 대체로 자녀에

엄마가 나서면 사춘기에도 성적이 오른다!

게 지나치게 관여하는 부모들은 아이에 대한 불안, 분노, 수치심, 과잉 책임감, 죄책감 등을 느끼고 있는 경우가 많다. 따라서 자녀의 문제에 지나치게 관여하는 태도를 바꾸기 위해서는 우선 마음속에서 이런 요소들을 덜어내기 위해 노력해야 한다. 그러고 나서 한 발 물러서서 편안한 마음으로 자녀를 바라볼 필요가 있다.

윤수 엄마는 윤수를 볼 때마다 답답하고 불안했다. 윤수가 뭐든 제대로 하지 못하고 학교 성적도 자꾸 떨어지는 것이 자기 탓인 것 같아서 죄책감을 느끼고 창피했다. 마음이 불안하고 답답하다 보니 윤수에게 자꾸 화를 내고 혼내고 명령하고 비난하게 되었다.

상담을 하면서 윤수 엄마는 자신의 마음을 멀찌감치 떨어져서 바라보게 되었다. 그 결과 그동안 많이 힘들었다는 것을 깨닫게 되었고, 자신을 위로하게 되었다. 스스로를 위로하고 나자 마음과 태도가 달라졌고, 자녀를 돕는 힘이 생겼다. 이제는 윤수가 좀 부족한 행동을 해도 예전처럼 격해지지 않는다. 아이가 알아서 할 때까지 지켜보면서 기다리게 되었다. 엄마의 변화는 윤수에게 당연히 영향을 주었다. 윤수는 덜 혼나니까 살 것 같았고, 마음이 편해지자 스스로 공부를 하기 시작했다.

수현 엄마는 수현이가 스스로 알아서 하지 않는 것이 너무나 답답하고 화가 나서 견딜 수가 없었다. 상담 결과, 엄마의 심리는 결핍감에서 비롯되었다는 사실이 밝혀졌다. 엄마는 자기가 어렸을 때 부모에게 관심을 받지 못한 것이 한이 되어 자식에게는 그러지 않겠다는 생각을 신념처럼 갖고 있었다. 그러다 보니 관심이 지나쳐서 사사건건 잔소리를 하게 된 것이다. 엄마의 신념은 너무도 강해서 간섭하고 싶은 욕구를 스스로 조절하기가 힘들었다. 원인을 알고 나니 엄마는 마음이 편해졌고, 그 결과 예전만큼 간섭을 하지 않게 되었다. 그에 따라 수현이도 마음이 편안해졌다. 엄마가 조이지 않으니 스스로 자기 일을 하게 되었고, 공부하고 싶은 마음이 생겼다.

하라는 공부는 안 하고 멋 부리는 데만 신경을 써요
집이 너무 삭막해서 자꾸 밖으로 나가고 싶어요

수인이는 학교에 불만이 많고, 친구도 없어서 외로운 아이다. 선생님이나 친구들과도 친하지 않아서 학교 생활이 외롭다. 그런데 집에 와도 마찬가지다. 누구도 수인이에게 관심을 주고 물어봐

주고 친밀하게 교류하는 사람이 없다. 그저 심통만 부린다는 비난을 들을 뿐이다.

해민이는 공부에 집중하지 못한다. 멋 부리는 데만 관심을 쏟고 친구들과 어울려 다닌다. 사실 자꾸 밖으로 나도는 건 집에 있으면 마음이 불안하기 때문인데 그걸 알 리 없는 해민이 부모는 매일 잔소리만 한다. 엄격한 아버지는 해민이의 행동이 조금만 마음에 안 들어도 무섭게 혼낸다. 해민이는 그런 아버지가 무서워서 조심하려고 하지만 밖으로 나가고 싶은 충동을 조절하기가 어렵다. 혼날수록 마음이 심란하고 안정이 안 되니 자꾸 나가 놀고 싶기만 하다.

송이는 엄마를 무서워한다. 엄마한테 혼날 것이 두려워 공부를 하려고 하지만 잘 안 된다. 할 일이 있는데도 자꾸 텔레비전만 보고, 게임만 하고, 친구들과 전화통화를 하게 된다. 그 결과 혼나고, 혼나니까 또 불안해져서 다시 같은 행동을 반복한다. 그동안 학교 성적은 계속 떨어진다. 성적이 떨어지니까 또 혼난다. 그렇다고 아버지가 편을 들거나 위로해주시는 것도 아니니 이래저래 송이는 마음이 편하지 않다.

　자녀가 수인이, 해민이, 송이처럼 행동하면 부모들은 속이 탄다. 그래서 반사적으로 잔소리를 하거나 야단을 치게 된다. 많은 부모가 아이를 비난하고 혼내면 문제 행동이 사라질 것이라고 믿지만 이는 착각이다.

　이 아이들의 행동은 삭막한 가족 관계에서 비롯되었기 때문이다. 삭막한 가족 관계란 가족 구성원 사이에 친밀감이 부족한 경우를 말한다. 가족 구성원 사이에 친밀감이 없으면 아이의 행동을 이해하기보다는 비난하고 혼내기 쉬워 부모와 자녀 관계가 악화될 수밖에 없다. 그 결과 부모는 권위를 잃고 아이는 더 반항적인 행동을 하게 된다. 반항심이 생기면 공부를 잘할 수가 없다. 학습 동기는 낮아지고, 학습 관리가 잘 되지 않기 때문이다.

　사춘기 아이가 방황하는 모습을 보인다면, 안정된 가족 관계에서 스스로 문제를 해결하도록 도와야 한다. 그 방법은 우선 관심을 주고받는 것으로 시작해야 한다. 나아가 부모와 자녀 관계를 개선해야 한다. 아이가 안정을 찾는 원천은 가족 관계, 부모와 자녀 관계의 안정이기 때문이다.

수인이 부모는 수인이가 심통만 내고 공부도 안 하는 것이 미워서 혼내기만 했었다. 그런데 상담을 하면서 수인이의 외로움을 이해하게 되었다. 학교에서도 외롭고 집에서도 외로운 아이의 마음을 알게 되자 미안한 마음이 들었다. 그 후 아빠가 먼저 달라졌다. 수인이에게 다가가서 장난도 치고 웃는 얼굴로 대하기 시작한 것이다. 부모의 작은 변화에 수인이는 맞장구치듯 명랑해졌다.

해민이 부모는 엄격하고 삭막한 가족 관계가 아이를 겉돌게 했다고 판단했다. 원래 명랑한 아이인데, 점점 웃음을 잃어가고, 공부를 싫어하는 아이가 되었다는 것이다. 이야기를 나눠보니 해민이만 집안 분위기를 싫어한 것은 아니었다. 아버지도, 엄마도 가족이 모이면 왠지 부담스러워서 따로따로 행동하는 것이 늘어났던 것이다. 상담을 통해 해민이네 가족은 서로의 마음을 이해하게 되었고, 그에 따라 서로 마음을 주고받게 되었다. 늘 굳어 있던 아버지의 얼굴에 웃음이 돌고, 언제나 안 된다던 것을 허용하기 시작했다. 그 결과 해민이는 더 이상 멋 내는 것을 숨기지 않아도 되었다.

송이는 엄마가 너무 무서워 아무 대항을 못하면서 학교 생활을 해오다 문제 행동이 발생한 아이였다. 상담을 하면서 송이 엄마는 아이에 대한 기대가 꺾일 때 분노가 생긴다는 사실을 자각하고, 그 분노를 조절하기 위해 노력했다. 그리고 부모가 화가 난다고 아이에게 욕설과 폭력을 행사하는 것은 부당하며, 절대 그렇게 해서는 안 된다는 것을 명심하게 되었다. 부모는 송이에 대한 기대를 조절하고, 분노를 행동으로 표출하기보다는 말로 표현하는 습관을 가지려고 했다. 아이의 귀가 시간이 늦을 때 "네가 약속 시간을 안 지켜서 엄마는 불안하고 섭섭하기도 했다" 하는 식으로 언어화가 가능해졌다. 엄마는 친절해지고 부드러워졌고, 이는 아이가 안정을 찾는 데 아주 효과적인 촉매제가 되었다.

매사 의욕이 없고 학교도 가기 싫다며 게임만 해요
부모님이 자꾸 다투시니 괴롭고 부담스러워요

영수는 학교 생활에 적응하기 힘들어하고 게임만 해서 부모에게 찍혔다. 매일 잔소리 듣고, 혼나고, 간섭받는 생활을 하고 있었다. 행동만 따로 떼어놓고 보면 영수에게만 문제가 있는 것으로 보인다. 영수의 행동이 바뀌기만 하면 가족은 더없이 잘 지낼 수 있는데 영수 때문에 힘들다고 부모는 호소한다. 하지만 상담 과정에서 영수는 엄마가 힘들어하는 것이 너무 괴롭고 부담스럽다고 했다. 사실 영수는 초등학교 때부터 엄마가 항상 힘들어하는 모습을 보았다. 고부 갈등과 자신을 외면하는 남편 때문에 괴로워하고, 아이들을 돌보기가 너무 힘들다며 화를 많이 냈다고 했다.

정수는 엄마와 무척 친한 반면 아버지와는 무서워서 말도 안 하고 지낸다. 대신 엄마를 못살게 군다. 엄마는 이러한 아이를 남편에게 숨기고 혼자 달래느라고 요구를 들어주기를 반복했다. 급기야 아이에게 휘둘리고 통제하기 어렵게 되자 이번에는 남편 뒤에 숨었다. 드디어 아버지가 나서서 정수를 관리하기로 했다. 아버지가 무서운 정수는 아버지 앞에서는 복종을 하지만 아버지가 없으면 엄마에게 화풀이하는 일을 반복했다.

유민이는 더 이상 통제하기 어려운 아이가 되어서 상담소에 방문했다. 유민이는 뭔가 조금만 잘못하면 엄마에게 크게 혼났다. 엄마는 다른 데서 쌓인 화까지 다 화풀이하듯 유민이에게 욕하고 때리곤 했다. 남편과의 문제가 해결되지 않아서 화가 난 날은 작은

143

실수를 꼬투리 잡아 화풀이하기도 했다. 유민이는 너무 부당하다고 생각하면서도 감히 대항할 수가 없었다. 그러나 고등학생이 되자 참았던 분노가 폭발했다. 화만 나면 밖에 나가서 화풀이를 하고 왔다. 엄마에게 욕설과 폭력을 일삼는 아빠도 싫었지만, 그 짜증과 분노를 유민이에게 푸는 엄마가 더 싫었다.

사춘기 자녀의 다양한 갈등과 행동을 이해하고 도와주기 위해서는 부모가 심리적으로 건강해야 한다. 부모가 가족 갈등에 오래 노출되어 있거나, 결혼 생활에 불만족을 느끼거나, 부부간 협조 체계가 부실할 때, 부모 자신이 취약해진 상태에서 자녀의 문제를 도와주기는 어렵다. 도움은커녕 부정적인 영향을 미치게 된다. 따라서 자녀의 문제를 해결하려면 부모가 먼저 자기 발등의 불부터 먼저 꺼야 하는 것이다.

영수는 엄마에게 부당하게 혼나서 억울했지만 엄마가 힘들어하니까 대항할 수가 없었다. 그냥 참고 지내지만 마음은 더욱 복잡해지고 공부에는 집중이 안 돼서 아무 생각 없이 게임만 했다. 엄마는 너무 힘들어서 남편에게 얘기하지만 잘 들어주지 않았다. 영수의 부모는 서로 힘든 부분을 공유하고 나누고 대처하는 힘이 약했다. 남편은 외면하고 아내는 혼자 힘들어하면서 버거워했다. 상담을 하면서 엄마는 이런 고통을 드러냈고, 다행히 가족이 함께 나누면서 영수 문제도 해결의 실마리를 찾았다.

영수 부모는 부부간의 불편함을 나누고 서로 의논하는 관계로 개선했다. 그러자 영수가 힘들어하는 부분에 대해서 좀 더 편안한 마음으로 대처할 수 있게 되었다. 영수 역시 부모의 지도를 받아들이기가 편해졌다.

정수는 엄마 아빠의 사이가 좋지 않다는 것을 알았다. 그래서 힘들어하는 엄마를 위로해주었고, 엄마도 그게 나쁘진 않았다. 정수 역시 아빠와 사이가 좋지 않았으므로 엄마와 더 가깝게 지내고 의논했다. 자연히 아빠는 고립되고 가족들과 멀어지게 되었다. 그런데 모자 사이가 너무 밀착되자 엄마가 정수를 지도하기가 어려워졌다. 엄마를 만만하게 여기게 되어 뭐든 요구만 하게 되었고 요구가 받아들여지지 않으면 엄마를 거칠게 대하게 된 것이다.

상담을 하면서 정수 엄마는 가족 관계에서 자신의 위치를 돌아보게 되었다. 남편과 사이가 멀어지면서 문제가 있어도 의논하고 협조하는 것이 불가능했다. 그래서 혼자 해결하고 나면 남편에게 혼나는 일이 다반사였다. 그러다 보니 아이에게 과잉 친절하게 되었고, 그 결과 부모 자녀 간의 위계가 깨지고 통제하기도 힘들게 된 것이다.

상담을 하면서 정수 엄마는 부부 관계를 회복하기 위해 노력했다. 감정을 털어놓으며 서로에 대해 이해하는 시간을 가졌다. 이야기를 나누어보니 정수 아버지는 돈만 벌어다주면 된다는 생각에 젖어 아이 문제에 무관심했고, 엄마는 자신이 다 알아서 해야 한다는 부담감에 스트레스를 느끼고 있었다. 엄마는 엄마대로 남편이나 몰라라 하는 것이 불만이었고, 아버지는 아버지대로 아내가 제대로 못하는 것이 불만이었다는 사실이 드러났다. 그래서 두 사람은 아이 문제에 대해서 같이 의논하고 행동하기로 했다. 아이가 잘못한 부분은 지적을 해주고 따뜻하게 지도하기 시작했다. 안정감을 찾은 정수는 잘못한 부분은 인정하고 행동을 개선하게 되었다.

유민이는 부모의 갈등을 오랫동안 지켜보며 힘들어했다. 부모는 감정적으로 화풀이하고 싸우기를 잘 했다. 의논을 하려다가도 서로 대립하기만 했다. 문제는 이렇게 부부 싸움이 일어난 후에는

엄마가 나서면 사춘기에도 성적이 오른다!

항상 유민이가 혼나게 된다는 것이다. 그래서 부부 싸움이 일어날까 봐 늘 유민이는 불안해했다. 어릴 때는 무서워서 그냥 가만히 있거나 밖으로 나가버렸는데, 중학생이 된 후에는 자기한테 화풀이하는 엄마가 못마땅했다. 그래서 말대꾸를 하고 홧김에 나가고, 친한 친구들과 어울려 놀면서 스트레스를 해소했다.

유민이 부모는 그동안 부부가 화합하지 못하고 갈등하는 모습만 보여준 것이 미안하기도 하지만, 아이가 위기 상태에 있다는 것을 알고 다급해졌다. 정말로 유민이는 자포자기 상태로 살고 있었다. 부모가 자기를 보살피지 않고 화풀이했던 것처럼 유민이도 자포자기하고 기분 내키는 대로 생활하고 있었던 것이다.

다급해진 부모는 부부 사이의 예의와 원칙을 지키면서 갈등을 풀어가는 책임을 나누어지기로 했다. 이들 부부는 부부간의 갈등을 아이들 앞에서 노출시키지 않기, 화가 난다고 욕하거나 때리지 않기를 원칙으로 세웠다. 그리고 명확하게 감정과 의사를 표현하는 방식으로 문제를 해결하는 훈련을 했다. 또한 부모가 아이에게 화풀이를 한 것은 무책임한 행동이라는 사실을 자각했다. 이후 유민이 부모는 분노를 조절하고 유민이에게 상처를 주는 행동을 하지 않게 되었으며, 아이를 보호해주는 행동이 늘어났다.

147

가족 관계가 아이 성적을 좌우한다

가족 관계가 원활하면 아이는 비교적 편안하게 사춘기를 보낼 수 있지만 가족이 버팀목이 되지 못할 때 자녀들은 방황을 하게 된다. 밖으로 나가고, 친구 따라 어디든지 돌아다닌다. 친구 따라 가본 강남은 따뜻하기만 한데 집안 분위기가 삭막하다면 누군들 집에 있고 싶을까.

사춘기 자녀들이 여러 가지 문제로 힘들어할 때 부모는 아이를 돕기 위해 손을 내민다. 그런데 누군가를 돕기 위해서는 전체 상황을 파악하고 적합한 방법으로 해야 한다. 너무 약한 도구를 이용하는 것은 아닌지, 도우려는 사람이 오히려 더 위험한 상태는 아닌지……. 아이를 도울 때도 마찬가지다. 아이를 제대로 도우려면 부모를 비롯한 가족이 아이의 발달 단계에 맞춰 유연하게 달라져야 한다. 그러나 사춘기가 되어 전과 달라진 점이 있다는 것을 알지 못하고, 이전 그대로의 방식을 고수하는 부모들이 많다. 즉 아이는 많은 것을 스스로 할 수 있을 정도로 성장했는데 부모는 여전히 어린아이로 보고 간섭하고 개입하는 것이다. 부모가 이런 태도를 고수하면 부모와 자녀 관계는 숨 막히는 관계가 될 수 있다.

숨 막히는 가족 관계에서는 의사소통이 일방적으로 전개되기 쉽다. 일방적 의사소통이란 자녀의 생각과 감정, 판단을 무시한 채 일방적으로 명령을 내리는 것을 뜻한다. 이런 방식으로 의사소통을 하게 되면 자녀에 대한 부모의 관여가 더 심해지고 자녀의 해결사로 나서게 된다.

자녀와 숨 막히는 관계에 놓여 있는 부모들은 대부분 자녀에 대해 깊은 애정과 친밀감을 갖고 있다. 이는 자녀와 긍정적인 관계를 갖기 위해 꼭 필요한 요소지만 지나치면 좋지 않다. 친밀감이 지나치면 아이의 의존성을 해칠 수도 있기 때문이다. 그러므로 부모 자녀 사이를 좀 더 독립적으로 변화시킬 필요가 있다.

반대로 친밀감이 너무 없는 삭막한 가족 관계도 바람직하지 않다. 사춘기 자녀가 자신의 문제로 고민할 때 또래 친구들이 중요한 역할을 해주기도 하지만, 가족의 지원도 매우 중요하기 때문이다. 가족 관계가 원활하면 아이는 비교적 편안하게 사춘기를 보낼 수 있지만 가족이 버팀목이 되지 않으면 자녀들은 방황을 하게 된다. 밖으로 나가고, 친구 따라 어디든지 돌아다닌다. 친구 따라 가본 강남은 따뜻하기만 한데 집안 분위기가 삭막하다면 누군들 집에 있고 싶을까. 이처럼 집안 분위기가 삭막하면 아이들은 밖으로 겉돌게 되고 문제가 생기기 쉽다. 그러나 친밀감이 부족하므로 자녀를 제대로 도울 수가 없게 된다.

부부간의 갈등도 사춘기 자녀에게는 스트레스가 될 수 있다. 가뜩이나 불안하고 스트레스가 많은 사춘기 시기에 부모가 자주 다툰다면 아이는 결코 공부에 집중할 수 없다. 자녀에게 좋은 부모가 되려면 먼저 부부 사이가 좋아야 한다. 많은 사례에서 볼 수 있듯이 부모는 사춘기 자녀의 상담자 역할, 조력자 역할을 해야 되는데, 부모가 심리적으로 안정이 되어 있지 않으면 힘들다. 부모 자신이 심리적으로 불안정한 상태에서 상담자 역할을 하기는 어렵기 때문이다.

엄마가 나서면 사춘기에도 성적이 오른다!

부부간의 유대를 강화해서
가족의 집행부 역할을 확실히 하자!

건강하게 상호 작용 하는 가족은 개인의 생각과 감정을 자유롭게 표현한다. 가족의 집행부 역할을 하는 부부는 유대가 좋고 협력하여 가족 문제를 해결하려고 노력한다. 가족 간의 감정소통이 원활하고 문제가 발생하면 서로 비난하기보다 이해하고 가족원이 스스로 해결하도록 돕는다. 이러한 가족 분위기에서는 아이들이 정서적으로 안정되어 공부에 집중하기 좋다.

집안 분위기는 가족의 상호 작용을 말한다. 더 구체적으로는 가족이 주고받는 말과 행동이다. 가족의 상호작용은 자라는 아이들에게는 중요한 학습의 요소가 되고 경험의 기반이 된다.

상호 작용을 건강하게 하는 가족은 개인의 생각과 감정을 자유롭게 표현하도록 존중한다. 가족 간의 감정소통이 원활하고 문제가 발생하면 서로 이해하고 스스로 해결하도록 돕는다. 이러한 가정 분위기에서는 아이들이 정서적으로 안정되고 공부에 집중하기

151

좋다. 건강한 가족의 상호 작용을 위해서, 아이들이 공부에 집중하기 좋은 환경을 만들어주기 위해서, 우리 가족은 어떤 변화가 필요한지 생각해보자.

첫째, 가족 간에 경계선을 명료하게 유지하여 책임 영역을 분명히 하자. 윤수, 수현이네 가족의 경계선은 너무 애매하다. 언제라도 부모는 아이의 영역에 끼어들어 개입하고 간섭하고 통제하고 있다. 수인, 해민이네 가족의 경계선은 너무나 경계가 닫혀 있어 교류가 없다. 아이들이 필요로 하는 관심과 도움은 없고 결과에 대한 비난과 처벌만 있을 뿐이다. 가족 간에 경계선이 분명해지면 관여할 때와 지켜볼 때를 구분할 수 있게 된다. 아이의 행동에 대해 과도하게 책임을 느끼고 해결하려고 하지 않게 된다. 특히 사춘기 아이의 경우 자기 스스로 공부를 관리하고 성취해가도록 책임영역을 지켜주는 것이 필요하다. 부모가 함부로 끼어들어 간섭하고 통제하면 아이가 스스로 공부를 하는 습관을 갖기 힘들기 때문이다.

둘째, 개방적인 의사소통 환경을 만들자. 가족 간에 책임 영역을 분명히 나누고 각자의 영역에서 생각과 감정을 자유롭게 표현하도록 하는 것이 좋다. 특히 사춘기 아이들이 공부하는 과정에서 생기는 어려움을 편안하게 털어놓고 도움을 받을 수 있도록 할 필요가 있다.

셋째, 가족의 건강한 상호 작용은 건강한 부부 관계로부터 시작된다는 것을 명심하자. 부부는 가족을 운영해가는 집행부라고 할 수 있다. 이 말은 부부가 가족에 대한 책임을 독점하고 독주하라는 뜻이 아니다. 가족이 각자 책임 영역을 존중하면서 잘 교류할 수 있게 안내하라는 뜻이다. 집행부가 불안정하면 가족 체계가 흔들린다. 영수네는 집행부가 너무 약해졌다. 아버지는 돈 버는 일에만 몰두하고 나머지 역할은 엄마에게 떠넘겼다. 집행부인 부부가 서로 나누고 의논하지 못하자 엄마는 육체적·심리적으로 버거움을 느꼈고, 집행부의 불안정한 모습은 아이들에게 그대로 노출되었다. 그러니 아이들이 공부에 집중할 리가 없다.

넷째, 가족의 집행부 역할을 잘 하기 위해서 부부간의 유대를 강화하자. 부부 사이에 감정을 나누고 서로 힘든 것을 알아주고 다독여주는 버팀목이 되어주자. 영수 엄마는 심리적으로 부담되고

153

힘들 때 남편에게 의지할 수 없었다. 부부가 기계적으로 각자의 역할만 하고 있을 뿐 서로 감정적으로 소통하고 보살펴주는 일을 하지 않았다. 탈진 상태가 된 엄마는 아이에게 화풀이하고 아이는 엄마를 신경 쓰느라 자기 할 일을 못했다. 집행부가 서로 버팀목이 되어주지 못하면 부모 역할을 제대로 수행하기 어렵다는 점을 명심하자.

다섯째, 가족의 집행부로서 자녀의 문제를 함께 의논하고 협력하여 해결하자. 부부가 함께 의논하지 않으면 일관된 양육 방식을 유지하기가 어렵다. 같은 문제에 대해서도 부모가 따로따로 자녀

엄마가 나서면 사춘기에도 성적이 오른다!

를 대하게 되어 양육 방식에 혼란이 생긴다. 정수네는 부모가 같이 의논하고 합의하는 과정이 빠졌다. 그래서 엄마는 아이 문제를 혼자 처리했고, 그 결과 남편의 비난을 받기 일쑤였다. 아이의 요구에 대해서도 아버지는 거절하고 엄마는 지나치게 허용적이었다. 엄마의 자리가 불리해지는 것은 당연지사였고, 급기야는 아이에게 위협받는 처지가 되었다. 아이들에게 부부는 가족의 집행부임을 알리고 같은 문제에 대해 함께 의논하고 결정하여 알려주고 도와주어야 한다. 그럴 때 아이는 훨씬 안정이 되고 부모를 존중하고 따르게 된다.

여섯째, 지나치게 허용하기보다는 가족 규칙을 함께 만들고 지켜나가도록 노력하자. 유민이네는 규칙이 분명히 지켜지지 않고 있었다. 부부간에 화가 나면 욕설을 퍼붓고 폭력을 행사하는 일이 빈번했다. 부모가 아이들에게 화풀이를 하는 일도 흔했다. 이 과정에서 유민이가 암묵적으로 배우게 된 것은 '화가 나면 욕해도 되고 때려도 되는 것'이었다. 그래서 유민이도 똑같이 행동했다. 분노를 조절하기 어려웠던 것이다.

아이들에게 공부하기 좋은 환경을 만들어주기 위해서 우리 가족에게 필요한 규칙은 무엇인지 생각해보자. 규칙을 정할 때는 부모가 일방적으로 결정해서 통보하지 말고, 가족 모두가 함께 의논하자. 스스로 규칙을 정하면 자발적으로 지키려는 마음이 생길 것이다.

사춘기 자녀의 성적을 올리기 위해 지켜야 할 것 vs 버려야 할 것

가족 구성원 간에 경계선을 분명히 하자.

부모는 부모로서 할 일이 있고, 아이는 아이로서 할 일이 있듯 가족 구성원들 모두 각자의 영역을 갖고 있다. 각자의 영역을 구분하고 보호하기 위해서는 경계선이 분명해야 한다. 그래야 지나치게 관여하고 통제하지 않고 자녀를 적절하게 도와줄 수 있다.

가족의 집행부를 튼튼하게 세우자.

부부는 가족을 이끌어 가는 집행부다. 집행부가 불안하면 가족들도 흔들릴 수밖에 없다. 집행부 역할을 잘 해내기 위해서는 부부가 서로 인정하고 감정적으로 배려함으로써 유대를 강화해야 한다. 부부간 유대가 강할 때 비로소 가정의 운영이나, 자녀문제 등을 제대로 의논하고 협력할 수 있게 된다.

가족 규칙을 만들자.

가족구성원이 각자의 역할과 책임을 잘 수행하기 위해서는 독촉하고 강요하기보다 가족규칙을 만드는 것이 효과적이다. 가족 규칙을 정할 때에는 우선 부부가 함께 필요성을 공감한 다음 아이와 함께 의논하여 결정하도록 하자.

157

6

스스로
공부하는 습관,
어떻게 만들까

?

우리 아이 학습 스타일은?

아이들의 학습 스타일은 성향에 따라 다르다. 부모 자녀 간의 성향이 다른 것만큼 학습 스타일에 대한 생각도 당연히 다를 수밖에 없다. 이때 부모가 원하는 방식대로 고집한다면 아이와의 사이에 갈등이 생기고 공부 동기도 떨어지게 된다. 따라서 아이의 학습 동기를 높이기 위해서는 아이에게 맞는 학습 스타일을 존중할 필요가 있다. 아이가 자신에게 맞는 방법을 찾아서 그에 맞게 공부하도록 안내하는 것이 부모의 역할이다. 그럼 이제부터 우리 아이는 어떤 학습 스타일을 선호하는지 점검해보자.

☐ 혼자 차분히 정리하고 공부하는 것을 선호한다 → 내향형

☐ 친구들과 모여서 묻고 대답하면서 공부하는 것을 선호한다 → 외향형

☐ 수집하는 정보의 의미와 가능성에 관심이 있다 → 직관형

☐ 새로운 것을 배우길 좋아하고 융통성 있는 학습 분위기를 선호한다 → 직관형

☐ 정보의 실제적인 적용과 실용성에 관심이 있다 → 감각형

☐ 구체적이고 상세한 정보에 익숙하고 정돈된 것을 선호한다 → 감각형

☐ 논리적이고 객관적인 분석으로 판단하고 원칙과 규범을 중시한다 → 사고형

☐ 사람들과의 관계를 중시하고 칭찬과 따뜻한 말에 힘을 얻는다 → 감정형

☐ 사전에 계획해서 철저하게 체계적으로 일처리를 한다 → 판단형

☐ 계획을 중간에 변경하기도 하고 짧은 시간에 집중해서 일처리를 한다 → 인식형

공부를 잘하는 아이와 그렇지 못한 아이는 무슨 차이가 있을까? 부모들은 안다. 공부하려는 생각이 있느냐 없느냐의 차이라는 것을. 때문에 모든 부모들은 아이들이 공부하려는 생각을 갖기를 바라고, 공부하려는 생각을 북돋워주기 위해 물심양면으로 돕는다. 그러나 무작정, 무턱대고 도우면 오히려 혼란과 갈등만 야기될 수도 있다. 아이들이 공부하려는 생각을 갖게 하려면 무엇보다 먼저 아이의 학습 동기와 학습 방법을 관찰할 필요가 있다.

학습 동기가 높은 아이는 대체로 공부를 왜 해야 하는지 알고, 좋은 성적을 내고 싶은 마음이 있고, 수업 시간에 귀 기울이고, 숙제를 빠지지 않고 하려고 하고, 시험 기간이 다가오면 서서히 계획을 세워 실력을 높이려 한다.

반면 학습 동기가 낮은 아이는 공부의 필요성을 모르고, 학습에 대한 흥미가 없으며, 공부할 시간에 집중이 안 되고, 시험 기간이 다가와도 준비를 하지 않는다.

그런가 하면 평소에 공부 방법을 잘 알고, 높은 성적을 올리던 아이가 어느 날 갑자기 성적이 떨어지기 시작하여 급기야 꼴찌를 하는 경우도 있다. 이런 경우, 부모는 황당해하며 아이를 다그치게 된다. 잘하던 애가 왜 노력을 하지 않느냐고 꾸짖는다. 그런데 이런 경우 다그친다고 될 일이 아니다. 성적이 떨어진 원인을 찾아 학습 동기를 되살릴 방법을 찾

엄마가 나서면 사춘기에도 성적이 오른다!

아내야 하는 것이다.

공부를 잘하기 위해서는 학습 동기도 있어야 하고 학습 방법도 효율적이어야 한다. 학습 동기가 공부하려는 생각을 갖게 하는 힘이라면 효율적인 학습 방법은 좋은 성과를 얻을 수 있는 방식이다. 아이들 중에는 학습 동기가 높고 학습 방법을 잘 아는 아이, 학습 동기는 있는데 학습 방법을 잘 모르는 아이, 공부 방법은 잘 아는데 공부하려는 마음이 전혀 없는 아이, 공부를 하려는 마음도 없고 어떻게 하는지도 잘 모르는 아이 등 다양한 유형이 있다. 부모는 자기 아이가 어떤 유형인지 알아야 하는데, 그러기 위해서는 세심하게 관찰할 필요가 있다. 관찰을 하게 되면 무턱대고 열심히 공부하라고만 다그치는 것보다 훨씬 지혜롭게 대처할 수 있다. 즉, 공부하고자 하는 동기가 어느 정도인지, 어떤 연유로 공부가 뒷전으로 밀려나 있는지, 아이에게 맞는 공부 방법은 무엇인지를 알고 도울 수 있게 된다.

이처럼 사춘기 자녀가 그 과정을 잘 이행하도록 돕기 위해서는 자녀의 상태를 잘 파악할 필요가 있다. 그렇지 않으면 공부에 대한 동기가 낮은 아이에게 공부하라고 독촉만 하거나, 공부 방법이 효율적이지 못해서 성적이 오르지 않는 아이에게 무조건 열심히만 하라고 소리 지르는 부모가 될 수 있다.

161

부족한 것 없이 다 해줬는데
왜 공부를 못하니?

"애가 늘 침울하고 공부를 전혀 하려고 하지 않으니 답답해요."
"전엔 공부를 잘했는데, 요즘은 게임에 빠져서 공부를 안해요."
"공부를 열심히 하는데도 성적이 오르지 않아요. 도대체 이유가 뭘까요?"
"학교에 가서 잠만 자고 숙제도 하지 않아요. 아무리 야단쳐도 소용이 없어요."
"혼자 잘 하는 것 같아서 놔뒀더니 성적이 떨어져요. 어떻게 해야 할까요?"

늘 침울하고 공부를 전혀 하려고 하질 않아요
공부에 집중이 안 돼요

현식이는 늘 우울하고 불안했다. 학교에서도 집에서도 맘이 편치 않아서 공부에 집중할 수가 없다. 이런 현식이의 모습을 부모는 이해할 수가 없었다. 그래서 공부를 하면 되는데 왜 안 하느냐고 야단을 쳤다. 갈수록 성적은 떨어졌고, 아이를 다그치는 횟수도 늘었다. 그럴수록 현식이는 점점 더 말이 없어졌고 더욱 공부를 멀리

엄마가 나서면 사춘기에도 성적이 오른다!

하게 되었다.

　얘기를 들어보니, 현식이는 집에서도 학교에서도 자기 마음을 전혀 내색하지 않는 아이였다. 아버지에게 불만이 있어도 무서워서 표현을 못하고 혼자 삭였고, 친구들에게 불만이 있어도 시원하게 풀고 지내기 어려웠다. 그러다 보니 점점 더 예민해지고 쉽게 토라지게 되었다. 공부를 하려고 하면 친구들이나 부모에게 서운했던 일이나 억울했던 일이 떠올라서 공부에 집중할 수가 없었고, 그럴수록 성적이 떨어졌다.

　종합적인 심리 검사를 해본 결과, 현식이는 공부에 집중하기 힘든 상태였다. 사춘기는 아이가 자신의 생각과 판단, 견해 등을 만들어가는 시기인데, 현식이는 그게 안 되고 있었다. 자주 혼내고 잔소리를 하시는 부모님에게 자신의 생각과 판단을 밝힌다는 게 쉽지 않았던 것이다. 간혹 현식이가 자신의 생각을 얘기하면 그냥 묵살하기 일쑤여서 자꾸 반항심이 생겼다.

　현식이의 경우처럼, 사춘기 자녀들이 친구들, 형제들, 부모님과의 문제를 해소하지 못하고 속으로 감추고 있을 경우, 공부에 전념하기 어렵다. 공부에 집중하기보다는 해결되지 않은 문제에 더

163

많이 신경을 쓰고, 생각을 하게 된다. 그러므로 마음의 문제를 해소하도록 돕는 것이 중요하다. 마음이 편안해지면 공부에 집중하는 에너지를 끌어올릴 수 있다.

현식이에게 가장 먼저 필요한 것은 불편한 마음을 해소하는 것이었다. 가장 좋은 방법은 부모와 좀 더 친밀하고 개방적인 방식으로 대화를 나누는 것이었다. 상담 과정에서 현식이의 부모는 아들과 대화를 나누게 되었고, 그 결과 아이를 대하는 태도가 바뀌었다. 무섭게 혼내던 아버지는 허용하는 아버지로, 잔소리만 하던 엄마는 어떤 도움이 필요한지를 시시때때 물어봐주는 자상한 엄마로 달라진 것이다. 부모의 태도가 달라지자 현식이는 비로소 자기 표현, 자기주장을 하게 되었다. 두려움과 불안이 사라지자 마음을 그대로 표현할 수 있게 된 것이다.

이후 현식이는 자신이 할 일을 스스로 결정

엄마가 나서면 사춘기에도 성적이 오른다!

해서 하게 되었고, 공부 또한 잔소리를 듣기 전에 스스로 하게 되었다. 시간 관리 능력도 생겨서 계획을 세우고 노트 정리를 하니 성적이 오르는 것은 당연한 일이었다.

게임에만 빠져서 공부는 뒷전이 되었어요
공부에 마음이 안 가요

진영이는 원래 공부를 잘했고, 특히 영어와 수학을 좋아했다. 그런데 이젠 집에 들어와도 책을 보기는커녕, 부모 눈을 피해 게임만 한다. 왜 그렇게 게임을 하냐고 물으니 게임을 하면 마음이 편해진다고 했다. 공부를 하려고 책을 펼치면 마음이 심란해지고 해서 뭐하나 하는 생각이 들어서 자꾸 게임을 하게 된다는 것이다. 그런데 부모님은 자기 마음이 불편한 것은 모르고 성적 떨어졌다고 야단만 치니 원망스럽다고 했다.

진영이가 다시 공부에 관심을 갖기 위해서는 공부를 방해하는 불안 요소를 없애는 것이 급선무였다. 그런데 진영이의 불안은 어디서 왔을까? 유감스럽게도 부모의 불화에 원인이 있었다. 그러므로 진영이가 다시 공부를 하기 위해서는 무엇보다도 부부 갈등을 해결하는 것이 중요했다. 아이가 자신의 내적 갈등이 해소되지 않으면 공부에서 멀어지듯, 부부 갈등이 심할 경우 자녀 양육에 소홀해지기 쉽다. 따라서 부모 역할을 제대로 하기 위해서는 무엇보다 부부 관계를 회복하는 것이 필수적이다.

다행히 진영이 부모는 부부 상담을 했다. 그러나 진영이가 부모의 도움을 받기까지는 오랜 시간이 걸렸다. 왜냐하면 부부간의 갈등을 해결하고 자녀 양육의 문제를 협력하기까지의 과정이 쉽지 않았기 때문이다.

그러나 진영이 부모는 부부 문제를 해결했고, 아이의 학습 동기를 높이기 위해 노력했다.

진영이처럼 공부를 멀리했던 아이들이 다시 공부와 친해지기 위해서는 그동안 재미있게 했던 게임 시간도 줄여야 하고, 학원에서 앉아 있는 시간을 견뎌내야 한다. 이는 결코 쉬운 일이 아니다. 오래된 습관일수록 더욱 바꾸기 힘든 법이니까.

따라서 공부와 친해지도록 도우려면 결과에 반응하는 것보다 과정에 반응하는 것이 더 좋다. 즉, "왜 안 했니, 참고 해야지" 하면서 다그치기보다는 "힘든 게 있었구나. 그래 힘들지. 어떤 게 힘드니?"로 다가가는 것이 더 효과적이다.

부모의 기대 수준을 조절하는 것도 중요한 일이었다. 아이가 빨리 변화하기를 기대하면 아이는 감당하기 힘들다. 아이를 이해하기보다 재촉하게 되고, 격려하기보다 비난하고 혼내게 된다. 반면 기대 수준을 낮추면 부모의 분노도 조절되고, 아이도 부담을 덜게 된다.

진영이 부모는 아이의 학습 동기가 낮아진 것을 이해하고 기대를 낮추었다. 그 결과 진영이는 더 이상 부모를 원망하지 않게 되었다. 엄마가 잔소리를 아예 그만둔 것은 아니었지만 그럴 때면 예전과 달리 아빠가 다독여주었다. 간혹 몰래 게임을 더하고 싶은 마음이 들기도 했지만 그럴 때마다 규칙을 어길 수 없다는 생각이 들어서 자제하게 되었다. 친구랑 놀다가도 시간이 되면 스스로 학원에 갔다. 부모의 태도 변화가 진영이의 학습 동기를 되찾아준 것이다.

애가 부족한 거 같아요
저에 대한 기대를 줄이세요

현우는 공부를 해도 성적이 너무 안 나와서 창피하고 자존심 상했다. 하지만 엄마 아빠는 나무라지 않고 좀 더 노력하면 잘할 수 있을 거라고 다독여주었다. 아이가 자존심 상할까 봐 조심하는 속 깊은 부모였다. 그런데 현우를 만나본 결과 현우에게 높은 성적을 기대하기는 어려웠다. 인지 능력이 고등학교 공부를 따라가기에 부족했던 것이다. 정서적으로도 자신의 능력 부족에 대해서 쉽게 자존심 상하고 창피해하는 편이었다.

현우가 중·고등 과정을 잘 수행하도록 돕기 위해서는 부모가 현우의 상태를 정확하게 아는 것이 시급했다. 그래서 현우에 대한 종합적인 심리 검사 결과를 부모에게 알려주었다. 인지 능력이 낮고 정서적으로 불안정하다는 사실을 알려준 것이다. 이런 경우 부모들이 자녀의 상태를 인정하고 받아들이기는 쉽지 않다. 일시적으로 좌절감과 같은 심리적 상처를 받을 수도 있으므로 먼저 그 아픔을 극복해야 한다. 그래야 다시 아이를 지도할 힘이 생길 수 있다.

이후 현우의 굽은 어깨를 펴주기 위한 개인 상담을 시작했다. 상담 과정에서 현우는 자신의 실력에 맞는 학교와 수준에 맞는 교재를 선택하게 되었다. 그리고 보충학습을 시작했다. 그 결과 성적이 조금씩 오르기 시작했다.

친구도 없고, 공부도 너무 떨어져요
공부에 집중이 안 돼요

지숙이는 초등학교 때도 공부를 썩 잘하는 편은 아니었다. 그런데 중학교에 가서 성적이 더 떨어지자 부모가 자존심이 상해서 상담실을 찾았다. 부모는 애가 학교에서 잠만 자고, 집에 와서도 숙제조차 제대로 하지 않는다고 호소했다. 지숙이는 공부에 대한 동기도 낮을 뿐만 아니라 어떻게 공부해야 하는지도 모르는 아이였다.

지숙이는 부모에게 '문제아'였다. 또래 관계도, 집안에서의 생활 습관도 미숙했고, 공부는 바닥이었다. 때문에 지숙이는 늘 비난과 잔소리를 듣고 살았다. 아버지는 무섭게 야단을 쳤는데, 아버지가 야단을 칠 때마다 엄마도 거들었다. 자연히 지숙이는 주눅이 들게 되었고, 자기 표현을 제대로 할 수 없었다. 간혹 불평을 하기도 했지만 자신의 생각을 분명히 밝히지 못하고 칭얼대는 수준이었다.

지숙이의 부모는 완벽주의적인 성향이 강한 사람들이었다. 아이의 작은 실수도 용납하지 않고 나무라고 혼냈다. 상담을 통해 지숙이의 부모가 왜 이렇게 아이를 엄격하게 대하는지 살펴보았다. 그 엄격한 태도 뒤에는 부부 갈등이 숨어 있었다. 남편은 기준이 너무 높아서 아내를 비난하기 일쑤였고, 아내 또한 남편을 인정하지 않으니 남편은 자존심이 상했다. 서로 인정받지 못하고 외로워하면서 불만이 깊어졌다. 부부의 불만은 지숙이에게 화풀이로 나타났다.

그러나 상담을 통해 지숙이의 부모는 달라졌다. 아버지는 더 이상 큰소리치지 않았고, 엄마는 잔소리를 줄였다. 또 아이 양육에 대한 문제를 함께 의논하고 결정하기 시작했다. 부모의 태도가 달라지면서 지숙이는 부모에게 도움을 받게 되었고, 자신의 마음이나 생각을 표현하게 되었다. 울고 칭얼대던 모습은 간데없이 자신감 있는 아이가 되었다.

아이의 상태는 좋아졌지만 공부는 수준을 낮춰서 시도했다. 집중하는 시간이 짧은 것을 감안하여 잠깐 공부하고 재밌게 놀게 했다. 국어, 영어, 수학은 전체적으로 학습 수준이 낮으므로 장기적 계획을 세워 보충하기로 했다. 돌아오는 시험 기간에는 목표 수준을 낮추고 암기 과목에 집중할 예정이다.

혼자 한다고 해서 놔뒀더니 더 안 해요
자꾸 게임에 관심이 가요

성수의 부모는 아이를 열심히 키워왔다고 생각했는데 요즘 실패한 것 같은 느낌이 들어 괴롭다. 많은 부모가 그렇듯 성수 부모 역시 큰아이와 달리 둘째 성수에게 좀 너그러웠다. 아이가 자발적으로 하려고 할 때 대체로 허용하는 편이었으므로 성수는 스스로 해볼 수 있는 기회가 많았다. 그 덕이었을까? 성수는 공부를 잘하고, 공부 방법도 잘 알았다. 계획을 세우고 실행을 하는 것도 곧잘 했다.

그런데 요즘 들어 문제가 생겼다. 성적이 자꾸 떨어지는 것이다. 성수와 얘기를 하다 보니 시간 관리를 잘 못하고 있다는 것이

171

드러났다. 계획은 세우는데 그 시간 안에 과제를 효율적으로 해내기 힘들었던 것이다. 부모가 맞벌이를 하는 탓에 집에서 혼자 지내는 시간이 많았던 성수는 친구랑 놀고 게임하고 텔레비전을 보며 마음대로 생활하는 데 익숙했다. 당연히 공부 습관이 형성될 리가 없었다.

이런 생활 습관은 중학생이 되면서 문제를 드러냈다. 공부할 양이 많아지면서 스스로 공부를 해야 하는데, 습관이 안 되어 있다 보니 효율적으로 해내기가 어려웠던 것이다.

성수처럼 공부를 잘하고 싶은 욕구는 있는데 방법을 모르는 아이에게는 먼저 시간을 관리하는 능력을 길러줘야 한다. 혼자 할 수 있는 시간을 만들고, 혼자 할 수 없을 때는 부모의 지도를 받게 해야 한다. 때로는 부모가 옆에서 통제해주는 것도 필요하다.

성수의 부모는 아들이 처한 상황을 이해하고 적극적으로 돕기 시작했다. 서로 역할 분담을 해서 성수가 공부하는 모습을 지켜보았다. 그 결과 성수는 허전함을 느끼지 않게 되었고, 공부하는 시간을 잘 관리하게 되었다.

자녀의 학습 동기, 부모 태도에 달려 있다

사춘기를 잘 보내는 아이를 둔 부모에게 물으면 "그냥 학교 생활 잘 하고, 친구들과 별 문제 없고, 공부 잘하고……"라고 표현한다. 이런 아이들은 자신의 사춘기 과제를 잘 해내고 있는 것이다.

이처럼 사춘기 과정을 잘 보내도록 돕기 위해서는 부모가 자녀의 상태를 정확히 파악하는 것이 가장 중요하다. 자녀의 상태를 잘 모르면 공부에 대한 동기가 낮은 아이에게 공부하라고 독촉하고, 공부 방법이 효율적이지 못해서 성적이 오르지 않는 아이에게 무조건 열심히만 하라고 소리 지르는 부모가 될 수 있다.

사춘기 아이를 지도하기 힘든 부모들은 "나는 사춘기 때 이렇게 부모를 힘들게 하지 않았는데" 하면서 고통을 표현한다. 그만큼 사춘기 자녀들이 자율적으로 성장해나가도록 돕는 일이 어렵다는 것이다.

하지만 방황을 끝내고 스스로 선택한 인생을 살아가는 아이들을 보면, 그 뒤에 부모의 관심과 노력이 얼마나 중요하게 작용했는지 알게 된다. 즉 그들 뒤에는 자녀에 대한 불안과 분노를 다스리고 적절하게 거리를 유지하고 개입하는 부모, 단호하지만 친절한 부모, 아이가 공부에 집중하도록 안정된 환경을 제공해주는 부모, 그리고 부부 갈등을 해결하고 협력하는 부모 등 이전의 모습과 달라진 부모들이 있었다. 현수와 수민이의 사례를 통해 자녀의 변화는 부모의 변화와 항상 함께 한다는 사실을 강조하고 싶다.

자기 뜻대로 뭔가 해보려면 항상 엄마의 간섭과 통제를 받아왔던 현수는 엄마가 좋아하는 공부를 때려치웠다. 학교에 가서도 수업 시간에 잠만 자다 혼나고, 밖으로 돌아다니면서 피시방을 제 집 삼아 게임에 몰두했다. 집에 와도 공부에 집중하기 힘들었고, 엄마가 좋아하는 공부는 하기도 싫었다. 통제할 수 없을 정도로 아이가 반항을 했기 때문에 현수 엄마도 뭔가 해결책이 필요했다.

그 아이가 이제는 공부에 관심을 갖게 되었고 엄마의 통제를 받아들이게 되었다. 가장 큰 변화의 매개는 현수와 엄마의 '적정 거리 유지'였다. 아이의 생활 영역, 판단 영역, 선택 영역에 미리 개입하지 않고 아이와 의사소통하는 것이다. 부모가 현수와 거리를 유지하고, 친절하게 의사소통하고, 협상하기 위해서는 아이에 대한 불안과 분노를 다스려야 했다. 부모의 불안과 분노는 그들의 책임이

엄마가 나서면 사춘기에도 성적이 오른다!

며 아이가 해결해주지 않는다는 것을 현수 부모는 자각했다. 부모는 그동안 불안과 분노가 현수 때문이라고만 생각하고 아이의 문제를 지적하고 고치려고 했다. 지적하고 비난하고 통제하려고 할수록 아이는 반항의 정도가 더 세지고 점점 일탈 행동이 늘어났던 것이다. 이제 현수와 부모님의 관계는 안정을 찾았다. 이들 사이에 서로 존중하고 대화하는 상호 작용이 생겼기 때문이다. 명령하고 통제하기보다 의논하고 협상하는 것이 늘어났다. 현수는 공부에 대한 책임은 물론 진로에 대한 책임도 느끼고 있다.

수민이는 부모의 사랑과 보호를 받으며 안전하게 살고 싶다는 소망을 가진 온실 속의 화초 같은 아이였다. 부모의 지나친 개입과 친절이 자녀의 의존성을 강화한 것이다. 사춘기에 부모는 자녀의 의존성과 독립성을 잘 조율하여, 의존성은 줄이면서 독립적인 능력을 발휘해나가도록 도와야 한다. 수민이는 부모와의 관계에서 의존하는 성향을 개선하고 독립성을 정립해나가는 것이 너무나 어려워 아주 오랜 기간 노력을 해야 했다. 아동기 때부터 계속된 과보호를 중단하고 부모가 일정한 거리를 유지하자 수민이는 혼자 책임지고 행동하는 것이 너무나 불안하고 두려웠고 엄마 아빠가 원망스러웠다. 그러나 수민이 부모는 단호한 친절, 즉 아이의 인격을 존중해주면서 아이가 해야 할 행동을 스스로 하도록 이끌었다. 답답해도 아이의 행동을 존중하고 인정해주었다. 그리고 아이의 불안과 두려움을 공감해주는 상담자 역할을 잘 해냈다. 부모의 든든한 보호를 받으면서 수민이는 서서히 독립적으로 행동하게 되었다. 학교 생활에 적응하고 공부에 관심을 갖게 된 것은 한참 뒤에 일어난 변화다.

이렇게 사춘기 자녀의 변화는 하루아침에 이루어지지 않는다. 왜냐하면 부모와 자녀는 기계가 아니기 때문이다. 부모와 자녀의 관계는 마음과 마음으로 이어지는 인간 대 인간의 관계이므로 서서히 변화할 수밖에 없다. 따라서 변화무쌍하고 불안정하게 마련인 사춘기 자녀의 마음을 다루기 위해서는 부모의 인내심이 무엇보다 중요하다. 아이의 마음을 보살펴주고 아이가 바른 길로 가도록 안내하는 버팀목이 되어주기 위해서 말이다.

엄마가 나서면 사춘기에도 성적이 오른다!

성격 유형에 맞는 학습 방법을 안내하자

아이들의 학습 스타일은 성향에 따라 다르다. 부모 자녀 간의 성향이 다른 것만큼 학습 스타일에 대한 생각도 당연히 다를 수밖에 없다. 이때 부모가 원하는 방식만 고집한다면 아이와의 사이에 갈등이 생기고 학습 동기도 떨어지게 된다.

부모가 자녀의 상태를 잘 파악하고 도우려면 학습 동기가 왜 낮은지, 공부 방법은 적절한지를 살펴보아야 한다. 공부 방법이 성적 올리는 목표를 달성하기에 효과적인가를 평가해보는 것이다. 모로 가도 서울만 가면 된다지만 몸에 맞지 않는 불편한 옷을 입고 길을 떠나면 목적지에 도달하기도 전에 포기할 수도 있다. 목표에 효과적으로 도달하려면 방법 역시 효율적이어야 한다. 특히 공부는 방법이 중요하므로 아이에게 맞는 방법을 찾아서 공부에 대한

177

동기를 높여주어야 한다. 성격 유형에 맞는 학습 스타일을 찾아주면 더욱 효과적으로 학습을 할 수 있게 된다.

자신의 내부에 관심을 쏟는 내향형 아이

■ 특징

한 가지 과제에 집중하며, 친구들과 함께 하기보다 조용히 혼자 공부하는 걸 좋아하고 말보다는 글로 의사 표시를 하는 것을 좋아한다. 이런 아이의 학습 과정은 내적 세계에서 무르익는 시간이 필요하고 밖으로 드러나지 않으므로 부모나 교사에게는 멍청하게 공상에 빠진 모습으로 비칠 수 있다.

■ 학습 지도법

혼자서 꾸준히 학습해나가는 장점을 살려주는 것이 필요하다. 부모는 아이가 내적 과정을 충분히 거칠 수 있도록 여유를 주어야 한다. 집중을 방해하지 않는 환경을 마련해주고, 학습 시에 먼저 과제가 안고 있는 가능성과 여러 가지 구체적 요소를 짚어볼 수 있게 한다. 시험공부는 먼저 아이 혼자 자기 방식으로 충분히 하도록 한 뒤, 아이가 이해한 것을 설명하도록 격려하는 과정을 통해 교과를 충분히 숙지하도록 하자.

특히 이런 아이들에게는 예습이 효과적이다. 미리 대강의 내용을 이해하게 되면 아이 스스로 충분히 무르익을 시간을 가져 수업 시간에 학습에 대한 자신감이 높아진다. 또 단독 학습에 강한 장점을 살려 독서를 장려하는 것이 좋다.

관심이 외부 환경에 집중되는 외향형 아이

■ 특징

혼자 공부하기보다는 친구들과 함께 토론하기를 좋아하고 개념적 이해보다는 눈에 보이는 실험적 과정을 통한 학습에 흥미를 갖는다. 이 아이들의 관심은 환경에 집중되어 있기 때문이다. 발표를 잘하고 토론식 수업에서 두각을 나타낼 수 있지만 혼자서 터득해나가는 힘은 약하고 관심이 쉽게 다

른 곳으로 이동하기 때문에 주의가 산만한 아이, 끈기 없는 아이로 보일 수도 있다.

■학습 지도법

집단 학습의 상황을 만드는 것이 좋다. 친구끼리 모여서 공부하게 하거나 부모가 묻고 대답하는 과정을 함께 해서 호기심을 유지하며 학습에 몰입할 수 있게 해주고, 시행착오를 거칠 수 있는 충분한 경험의 장을 준다.

공부도 혼자 틀어박혀 하는 것이 아니라, 자유롭게 질문하고 들어주는 분위기가 도움이 될 것이다. 책보다는 사람들과의 관계 속에서 배우므로 그런 기회를 많이 제공하는 것이 좋다.

정보의 의미와 가능성에 관심을 놓는 직관형 아이

■특징

상상력이 풍부하고 정보에 내재하는 의미와 가능성에 관심을 갖는다. 학습 내용에 대한 전체 줄거리를 잘 이해하는 능력이 있으며 새로운 것을 배우기를 좋아한다. 학습 방법에도 관심이 많아 새롭고 다양한 학습을 선호하며, 신속하고 비약적으로 일을 처리하는 특성이 있다. 이런 모습은 부모가 감각형일 경우 비체계적이고 비계획적이며 끈기가 없는 모습으로 보여 비난하기 쉽다. 그러나 배우는 것에 대한 호기심이 남다르고 이해력이 풍부한 것이 장점이다.

■ 학습 지도법

지적 호기심을 자극할 수 있는 문제를 던져주어 스스로 문제를 해결하도록 하는 것이 좋다. 이런 과정 이후에는 세부적인 관심을 갖도록 도와주어 학습 내용을 완전히 숙지하도록 한다. 공부 습관도 지나치게 빈틈없이 짜인 계획표는 오히려 아이의 창의력과 호기심을 억압하기 쉬우므로 자기 페이스에 맞춰 융통성 있게 공부할 수 있는 학습 분위기를 만들어주는 것이 좋다.

정보의 실제적인 적용에 관심을 두는 감각형 아이

■ 특징

새로운 것보다는 익숙하고 정돈된 것을 좋아한다. 학습에서도 전체적 의미보다는 개념의 실제적인 적용과 유용한 특성에 관심이 많다. 꼼꼼히 세부적인 내용을 거듭 반복해서 암기하는 형태의 공부를 잘 한다. 세부적 정보에만 집중하므로 이해력이 부족한 것으로 보일 수 있으나 사실은 이해의 과정이 다를 뿐이다.

■학습 지도법

구체적인 보기를 들어서 상세하고 정확하게 설명해줄 때 더 잘 이해할 수 있다. 효과적인 노트 정리법을 익혀서 자신의 특성에 맞게 한 단계 한 단계 학습하도록 하고, 학습을 도울 땐 단계적인 지시와 설명이 효과적이다. 철저한 복습은 자신감을 기르게 하는 좋은 방식이다. 아이가 먼저 구체적이고 세부적인 학습을 통해 내용을 이해한 다음에는 전체적으로 내용을 파악할 수 있도록 독려하라. 각각의 정보를 하나의 줄거리 안에 설명할 수 있도록 도우면 더욱 폭넓은 학습을 할 수 있게 된다. 공부 과정에서 부모가 단계마다 학습 진행을 점검해주고, 계획표를 함께 짜며 피드백을 해주는 것이 아이의 학습 동기를 강화하는 데 유용하다.

논리적, 객관적 판단을 중시하는 사고형 아이

■ 특징

논리적이고 객관적인 분석을 바탕으로 판단내리고 결정한다. 원칙과 규범을 중시하고 부모나 친구들에게 자신을 잘 알리며, 타인을 논리적으로 잘 설득하는 편이다. 학교에서도 적절한 행동과 성적을 결정하는 기준을 알고 싶어 하고 능력에 대해 공정하게 평가되고 인정받기를 원한다. 한편 친구나 부모의 요구에도 객관적으로 생각해보고 결정, 의사를 표시하기 때문에 자칫 냉정한 인상을 주기도 한다.

■ 학습 지도법

객관적으로 자료를 수집, 조직, 평가함으로써 문제를 해결할 수 있는 기회를 늘려주면 좋다. 사실적인 정보를 알려주고 일의 인과 관계를 잘 설명해주는 것이 판단과 결정을 내리는 데 도움이 된다. 성취 욕구가 강한 편이므로 칭찬을 할 때에도 아이의 능력을 인정해주고 직접적으로 칭찬을 해주는 것이 좋다. 때로는 관계 중심의 감정적인 소통을 통해 인간관계를 소홀히 하지 않도록 돕는 것이 필요하다.

사람들과의 관계를 중시하는 감정형 아이

■특징

사람들과의 관계와 조화에 관심이 많다. 자신의 판단과 결정이 부모나 친구들에게 어떤 느낌을 갖게 하고 어떤 영향을 주는지를 늘 생각하기 때문에 정이 많다는 말을 듣는 편이다. 그래서 화목한 분위기, 칭찬과 인정, 부모의 따뜻한 말 한마디에서 큰 힘을 얻기도 하지만 타인의 결정에 쉽게 동조하는 경향이 있어서 친구나 부모의 요구를 그냥 따르기 쉽고 적당히 거절하는 것도 어려워할 수 있다. 조화를 원하므로 갈등 상황이나 경쟁적인 분위기에서는 스트레스를 많이 받는다.

■학습 지도법

학습 단계마다 개별적인 평과 함께 격려의 말을 덧붙여주는 것이 중요하다. 과정을 중시하므로 행동 결과나 시험 결과만을 가지고 평가하는 것보다 왜 그런 행동을 하게 되었는지, 시험을 준비하는 과정에서 어떤 어려움이 있었는지를 자세히 듣고 이해해주는 것이 무엇보다 필요하다. 이런 과정에서 아이는 상처받지 않고 자신의 행동을 돌아보며 새롭게 시도할 의욕을 갖게 된다. 아이가 편안해진 상태에서 객관적인 정보를 제공해주면 좀 더 공정하고 객관적으로 판단, 결정하는 능력이 길러질 수 있다.

사전에 계획을 세워 체계적으로 실행하는 판단형 아이

■특징

일을 할 때 사전에 철저히 계획해서 체계적으로 처리하는 것을 좋아한다. 이 아이들은 시험 준비 기간을 여유 있게 잡아 미리 공부 계획을 짜놓고 지키는 편이고 마지막 순간에 쫓기면서 공부하는 것을 싫어한다. 예정에 없던 일이 생겨 계획을 갑자기 바꾸면 스트레스를 받고 혼란스러워한다. 따라서 여유가 있을 때는 자기 일을 알아서 잘 처리하는 책임감이 강한 아이가 될 수 있지만 자칫 시험불안에 떨며 안달하는 모습을 보일 수가 있다.

■학습 지도법

시험 준비 기간을 여유 있게 잡아 계획을 미리 짜도록 돕는 것 자체가 아이들을 안심시키는 방법이 된다. 최소한 3주 전부터 과목별, 시간별 계획을 짜서 준비하게 도우라. 먼저 과목별로 교과서

185

와 노트를 한번 훑어보고, 중요한 부분은 숙지하는 단계를 거친 후 마지막으로 잘 출제되는 문제 유형을 반복해서 풀어보는 것이 좋다. 체계적인 시험 준비 과정에서 아이는 시험에 대한 불안이 줄고 자신감이 늘어날 것이다. 그리고 방이나 책상이 어수선하면 집중하는 데 어려움을 느끼므로 주변을 정리해주고 갑작스러운 요구를 하지 않는 것도 아이를 돕는 방법이다.

짧은 시간에 집중해서 일을 처리하는 인식형 아이

■ 특징

융통성이 있어 시험 준비 기간에 계획을 짜기는 하나 중간에 변경을 많이 하기도 하고 숙제를 미루어두었다가 한꺼번에 하는 경향이 있다. 그렇기 때문에 시험 스트레스가 덜한 편이지만 부모들의 눈엔 공부에 맘이 없는 걱정스러운 아이로만 비춰질 수 있다. 이런 아이에게 부모들은 융통성을 발휘해야 한다. 시험 기간이라고 압박하거나 부모가 나서서 시간표를 짜주면 오히려 부작용을 일으킬 수 있다. 시간이 임박했을 때 순간 집중력이 뛰어나기 때문에 벼락치기를 잘할 수 있고 효과도 보는 스타일이다.

■학습 지도법

　시험 준비를 할 때도 장시간의 몰두보다는 짧은 시간 집중해서 하고, 나머지는 자율적으로 지낼 수 있도록 허용해주는 것이 좋다. 그러나 학습 분량은 많고 준비 과정이 미흡할 때 한꺼번에 해내기 벅찰 수 있다는 것을 알려줘야 한다. 과목별 준비도 자칫 관심이 가는 것만 할 수 있으니 골고루 할 수 있도록 챙겨야 한다.

사춘기 자녀의 성적을 올리기 위해
지켜야 할 것 vs 버려야 할 것

아이가 공부를 못하는 이유를 찾아보자.

아이들이 공부를 못하는 이유에는 여러 가지가 있다. 공부하려는 의지, 즉 학습동기가 없는 경우가 있는가 하면 학습 동기는 있는데 어떻게 공부해야 하는지를 모르는 경우도 있다. 또 자신에게 맞지 않는 방법으로 공부하는 아이들도 있다. 자녀가 공부를 못하는 이유를 찾으려면 우선 이 중에서 어느 경우에 해당하는지 알아볼 필요가 있다.

아이가 학습 동기를 갖고 있는지 알아보자.

공부를 잘하기 위해서 무엇보다 필요한 것이 학습 동기다. 학습 동기가 없으면 제 아무리 좋은 학원이나 교재도 무용지물이 된다. 아이가 학습 동기를 갖고 있는지 알아보려면 공부를 해야 하는 이유를 알고 있는지, 좋은 성적을 내고 싶은 욕심이 있는지, 수업 시간에 집중하고 있는지, 숙제를 꼬박꼬박 잘하는지 살펴보면 된다.

학습 방법이 성격에 맞는지 점검해 보자.

아이가 학습 동기를 갖고 있는데도 공부를 잘 못한다면 학습 방법에 문제가 있다고 볼 수 있다. 학습 방법이 성격에 맞지 않을 경우 효과를 거두기 힘들다. 따라서 학습 방법을 선택할 때에는 무조건 남이 성공했다고 따라할 것이 아니라 아이의 성격 유형부터 파악하는 것이 중요하다. 앞에 나온 테스트 결과에 따라 학습 방법을 바꾸면 효과를 볼 수 있을 것이다.